关于作者

帕蒂·德拉珀是一位教育顾问、作家和国际知名的演讲家。帕蒂在美国、加拿大、澳大利亚、新西兰和新加坡的学校里担任演讲者，并举办研讨会。帕蒂是南缅因大学的副教授，也是缅因教育局的天才教育顾问。她目前是国家天才项目理事会执行委员会成员。

帕蒂拥有超过 25 年的课堂教学经验，在缅因州弗里波特市教授各年龄段的学生，并负责协调项目。她还获得了缅因州杰出教师奖，表彰她出色的服务。

帕蒂著有《伟大的教学与图形组织者》（1999 年）；《差异教学：发挥作用》（2004 年）；《与图形组织者的差异：培养批判性和创造性思维的工具》（2009 年）。此外，她还是《科文精华：差异化教学》（2011 年）一书中“图形组织者：促进差异化的工具”一章的作者。她还为《了解我们的天才》和新西兰的出版物《教师问题》撰写了文章。可以通过她的网站 www.pattidrapeau.com 联系到她。

创新方法名著译丛

丛书主编/周　元

激发学生的创造性

提高创新思维能力和解决问题能力的实践方法

〔美〕帕蒂·德拉珀（Patti Drapeau）/ 著

王海燕　刘兆洋 / 译

Sparking Student Creativity

Practical Ways to Promote Innovative Thinking and Problem Solving

科学出版社

北京

图字：01-2017-7371

内 容 简 介

作者写这本书有三个非常具体的目的：第一，帮助教师通过提高课堂教学的创造性影响更多的学生；第二，提出能够在教学过程中鼓励学生的创造性思维和形成创造性成果的策略与工具；第三，向教师展示如何有意识地在课堂上使用创造力。创造性思维可以运用到任何领域。这本书汇集了关于创造力在教育中的作用的相关研究、理论、实际应用等。作者认为，要培养有创造力的学生，教师首先要有创造性。本书运用具体工具和策略来帮助教师在课堂上有意识地进行创造性教学。内容包括“创造力路线图”、40 个“抓取并执行”策略。本书将创造力课程与标准结合起来，提出了设计创意课程的不同方法，展示了如何改变课程的方向以促进创造性思维。

这本书对于中学和大学教师都具有启发意义和实用价值，书中讲述的工具和策略有助于教师授课方法的创新，同样有助于学生在课堂学习过程中更好地释放创造力。本书适合从事教育教学研究及实践工作的科研教学人员，以及中学生和大学低年级学生阅读。

图书在版编目（CIP）数据

激发学生的创造性：提高创新思维能力和解决问题能力的实践方法 /（美）帕蒂·德拉珀 (Patti Drapeau) 著；王海燕，刘兆洋译. —北京：科学出版社，2020.6

（创新方法名著译丛）

书名原文：Sparking Student Creativity: Practical Ways to Promote Innovative Thinking and Problem Solving

ISBN 978-7-03-065034-4

Ⅰ. ①激… Ⅱ. ①帕… ②王… ③刘… Ⅲ. ①课堂教学—教学研究②创造性思维—能力培养—研究 Ⅳ. ① G424.21 ② B804.4

中国版本图书馆 CIP 数据核字 (2020) 第 075086 号

责任编辑：张 菊 / 责任校对：樊雅琼

责任印制：赵 博 / 封面设计：黄华斌

科学出版社出版

北京东黄城根北街 16 号

邮政编码：100717

http：//www.sciencep.com

北京天宇星印刷厂印刷

科学出版社发行 各地新华书店经销

*

2020 年 6 月第 一 版 开本：720 × 1000 1/16

2025 年 1 月第三次印刷 印张：9

字数：200 000

定价：108.00 元

（如有印装质量问题，我社负责调换）

前　言

我写这本书有三个非常具体的原因：帮助教师影响更多的学生，尤其是那些置身学校却找不到教学乐趣的人；提出能够鼓励创造性思维和创造性产品的策略与工具；向教师展示如何有意识地在课堂上使用创造力。有些学生有一些很有趣的想法，但表达不出来，因为我们的许多教学活动不适合这种思维方式。我希望这本书中的工具和策略能给老师们提供切实可行的方法来提升创造性，从而提高学生的成绩和对学习的热情。

通过创造力，我们可以在更多的时间接触到更多的学习者。创造性思维可以整合到任何领域。这本书汇集了关于创造力在教育中的作用的研究、理论、实际应用和当前思想。在写这本书的时候，我反思自己读过的书和学到的知识，结合自己的实践经验，将其付诸实践。这本书也包括我从其他和我分享想法与创意的教育者那里学到的关于创造力的知识。

假设一位老师将天赋教育和学习四个创造性思维技能（流畅性、灵活性、原创性和详尽性）（Torrance，1987a）作为她硕士项目课程的一部分。她不认为自己是特别有创造力的，所以她很乐意学习一些具体的方法，在她的课程中使用创造力。她讲的创造性思维技能课程越多，她就越相信自己的创造力。一年后，她参加了托兰斯创造性思维测试（Torrance，1987b）。她意识到这个测试评估了创造性思维技能的所有四个方面，所以她确信她的回答反映了流畅性、灵活性、原创性和详尽性。

如果她从来没有学习过创造性思维的技能，而且从来没有和她的学生练习过，那么她是否还会在考试中表现出色呢？这位老师表示怀疑；她相当肯定她收到的信息和她与学生进行的实践起到了作用。我对此十分肯定，因为我就是那个老师。这是我的经历，也是我追求创造力相关知识的开始。这次经历教会我，如果我能学得更有创造力，我的学生也能。

我鼓励你开展创造性思维课程，即使你认为自己没有创造力。事实上，真正重要的不是你是否有创造力，而是你是否想要更有创造力地教学，是否愿意尝试新的想法。本书提供理论以说明为什么创造力教育很重要，并运用工具和策略来帮助你在课堂上有意识地创造创造性。这本书包括“创造力路线图”，该路线图由课堂环境开始，沿着四个路径入手：第一个是关于思维技能动词和短语；第二个是关于策略；第三个是创新和创造性的问题解决；第四个是产品。这本书包含了40个“抓取并执行”（grab and go）的策略，将创造力课程与标准结合起来，提出了设计创意课程的不同方法，并展示了如何改变课程的方向以促进创造性思维。这本书很实用，能够指导教师努力提高创造力授课。我希望这本书中的想法有助于释放学生的创造力，激发学生的积极性，提升他们的表现和成就。

致　　谢

感谢 Lenny Drapeau，首先，感谢你在我所有的工作项目中给予我的支持。我一直知道你在我身边，你是我创作的火花。感谢 Sara Drapeau Bodi 在每天放学回家的路上一章接着一章地与我讨论这本书。感谢 Kip Bodi、Kasey Drapeau D’Amato 和 Steve D’Amato，你们一直都认为我“能干”，是你们激励着我前行。感谢 Sandy Gerber，你是我的啦啦队。感谢 Lenore Burokoff，一直提醒我懂得爱和家庭的价值。

我很幸运能够在南缅因大学任教，在这里我遇到了很多优秀的研究生，他们和我分享了很多很棒的想法。他们以多种方式激励我，这一点他们自己都没意识到。我要感谢 Lee Worcester，她总是愿意倾听我的想法，并以周到的方式提供建议。我要感谢与 Diane Heacox 的友谊，能跟他一起探讨真是太好了。也要感谢我澳大利亚的同事 Ourania En Baslis，是她唤醒了我的创作精神。

还要感谢 Meg Bratsch，她让我相信写这本书很有必要。我很感激 ASCD 的工作人员，尤其是 Stefani Roth，她相信这本书并使出版本书成为现实。感谢那些推动这本书的评论家们。感谢我的编辑，Lorraine Sobson，她说她并不具有创造性，但无论如何都要承担起这个图书项目，她的编辑技巧使这本书成为现实。感谢读者，感谢你们认识到创造性在学校中的重要性，并为此做出改变。

目　　录

第 1 章　有意识的创造力

培养学生的创造力——从潜能到表现

全国的教师和管理者都致力于确保学生与学校每年都取得足够的进步和成长。我们订购新教材，开设课程，提升专业水平以提高学生的成绩，研究新的策略，不断地学习讨论什么是有效的，什么是无效的。我们做了我们以为是正确的事。

然而，在学年结束时，学生成绩提高的程度微不足道。许多学生仍然不关心学业。教师也变得失望。管理者既要面对表现不佳、缺乏动力的学生，也要面对心灰意冷的员工。我们需要一个奇迹。

也许仅仅是因为教师照本宣科并没能激励学生。改变照本宣科，鼓励学生提出问题，提升批判性和创造性思维，鼓励学生使用发散思维去产生想法并加以分析和评估，这可能是改变学生态度和提高成绩的关键。许多课堂正在失去的是创造力：创造性地提问激发学生质询，通过不同寻常的想象“钩住”学生的兴趣；让学生把内容和一些不相关的想法联系起来；培养动手能力，小组合作，解决问题的学习能力。如果所有的老师都鼓励学生创造性地思考和产生创意作品，将会发生什么？会产生我们所追求的“奇迹”吗？

近年来，教育系统灌输创造力的这一想法已经引起了很多关注（Bronson and Merryman，2010）。Ken Robinson（2007）的 YouTube 视频“学校在扼杀创造力吗？”有超过 500 万视频点击量。老师们都在研读创造力的基础（Beghetto and Kaufman，2013）、观看对传统课程和需要创造性思维的课程进行比较的视频（Ali，2011；Maine Department of Education，2013）。尽管如此，许多教育家发现了一个关键点的缺失：如何在他们的教室里精确地“教授”创造力和融入创造性思维。创造力是什么样子的？学校如何培养创造力？

创造性教学能够通过交叉领域的融合提高成绩，建立长期学习［Woolfolk，2007，由 Beghetto 和 Kaufman（2010）引用］，鼓励创造性思维和解决问题（Treffinger，2008），并培养积极性和参与度。创造性思维课程以批判性思维为基础，并结合现实生活中的问题解决；学者们要求学生同时使用发散和收敛思维。Robinson（2011）指出，“创造力不仅是产生思想，还涉及做出判断。创造过程包括详细说明最初的想法、检验和改进，甚至推翻这些想法”（第 6 章）。

在促进创造力的课堂上，学生按特定的目的进行分组，而不是随机分组。创造性课程的内容不只是让人感觉良好，这些活动直接针对关键内容，以特定标准为目的，要求产生有思想的成果，还能够让学生展示他们所知道的观点。在创意课堂中，教师通过使用一些策略，如责任的逐步释放模式，鼓励学生成为独立学习者（Fisher and Frey，2008）。

创造力不仅适用于绩效较差的学校，用创造性的策略与技巧能够帮助所有学生学会思考和提高成绩。创造力不仅适用于闲散的学习者，它能激发所有学习者的积极性。创造力不仅适用于艺术生，它适用于所有领域所有课堂的学生。创造力不仅适用于高分学生，也能帮助那些苦苦挣扎和有特殊需要的学生。创造性思维不仅适用于那些擅长创造性思维的学生，它适用于所有学生。在课堂上促进创造力对所有教师而言都是有必要的。

1.1 探索创造力的概念

什么是创造力？尽管创造力通常与“有原创想法”同义，但对其定义有不同的理解。Robinson 把创造力定义为“产生有价值原创想法的过程”（Azzam，2009），但 Gardner（1989）认为创造力是人类的努力，不一定是新颖的或有价值的。Amabile（1989）从另一角度定义创造力，认为创造力是指在某一领域拥有专业知识，并具有高度的发散性技巧。虽然一些研究者假设创造力与智力无关，但另一些学者认为创造力和智商 IQ 之间存在关系（Kim，2005）。

此外，对创造力的看法反映了文化差异。一方面，西方人通常认为创造力是新奇的，强调非传统、求知欲、想象力、幽默和自由（Murdock and Ganim，1993；Sternberg，1985）。另一方面，东方人认为创造力是一种重新发现，强调美德、社会贡献，以及新旧知识之间的联系（Niu and Sternberg，2002； Rudowicz and Hui，1997；Rudowicz and Yue，2000）。两种文化都重视结果要有创意（Kaufman and Lan，2012）。

从一个从业者的角度来看，尽管创造性思维不是仅仅由发散性思维来定义的，但它与发散性思维联系在一起——而发散性思维是可以教授的。发散性思维要求学生在只有一个正确想法的情况下去思考许多不同的想法，而不是收敛性地思考。两者都是创造力所必需的：一个学生用发散性思维为一个问题或挑战生成不同的解决方案，然后用收敛性思维来决定哪一个将提供最好的结果。

学生需要知道和理解什么是创造力，以便他们能恰当地给予反馈。创造力不仅仅是精心制作的产品，它也是一种思维方式。当学生听到老师说，“当你……时，我希望你们使用创造性思维”，他们应该知道老师正在寻找许多想法、不同的想法、详细的想法，或者可能是独一无二的想法。如果教师想让创造力发挥作用，公认的词汇及其含义是很重要的。

1.2 了解有创造力的学生的特质

Csikszentmihalyi（1996）描述了两种有创造力的人：“大 C”，有创造力的人，在自己的领域有杰出成绩，或者他们的工作经常引领新的变化；“小 C”，用创造力来影响他们的日常生活。许多学生不认为自己具有创造性，他们认为创造力超出了他们的能力，创造力是非常少的人所具备的。他们认为创造力只与“大 C”或那些擅长艺术的学生有关。当学生意识到他们不需要具备“大 C”那样的创造力，那么培养创造力就变得容易。这种新发现的结果是，学生们不再有一定要想出一个独一无二的想法的压力，并愿意参与日常的创造性思维活动，从事创造性的生产。他们对自己的创造力产生了现实的期望。学生越愿意使用创造性思维，他们就越投入。

创造性课程会逐渐给学生带来兴奋和兴趣，当学生变得更投入的时候，他们会付出更多的努力。Dweck（2006）指出，一方面，有一个固定心态的学生不相信努力和参与会引起改变，他们认为自己的潜力与生俱来，不会改变，所以他们“总是处在被失败衡量的危机中”（第 29 页）。另一方面，有成长心态的学生相信他们的技能和能力是可以培养的。这些学生努力学习并彰显成绩。当他们犯错误时，他们从错误中学习和成长。拥有成长心态的学生更有可能将创造力作为动力源泉。

创造力可以看作是一种认知风格和偏好：就像一些学生更喜欢通过分析或评价思维独立思考，而其他人喜欢用事实性知识，某些学生认知上倾向于创造性思维和解决问题。除了根据学生的能力、兴趣或学习概况（Tomlinson，1999）来区别教学，教师还可以根据学生的认知偏好来给学生安排活动。教师可以把创造性活动分配给那些更喜欢创造性思考的学生，或者更好的是，可以把那些喜欢创造性思维的学生和那些喜欢批判性思维的学生放在一起。

我认识一个八年级的从事社会研究的老师，她的一个班级出现了学生课堂纪律问题。她开始害怕教这门课，并一直在努力寻找能吸引学生的活动。在要求学生根据创造性思考者的特点从 1 到 10 打分时，她发现 80% 的学生认为自己有创造力。这些信息对学生来说很有趣，对老师也很有帮助。她改变了课程，强调创造性思维和创造性成果，课堂纪律和管理问题迎刃而解。

善于创造性思考的学生

1）表达其他学生想不到的想法。

2）喜欢选择自己的方式表达见解。

3）问一些看似离题或愚蠢的问题。

4）喜欢开放式的任务。

5）更喜欢讨论想法而不是事实。

6）愿意尝试解决问题的新方法，而不是尝试公认的方法。

1.3 建立课堂气氛

创造性学习体验的起点是课堂和课堂环境。创造性学习课堂的基本条件包括提供一个安全的环境、支持不寻常的想法、提供选择、利用创造性的策略和技术、鼓励多种解决方案、融入新鲜事物和提供建设性的反馈（Drapeau，2011）。在创造性环境中学习的学生，会接触到创造性活动和任务，观察老师的创造性思维，他们就会成为更有创造力的思考者（Sternberg and Williams，1996）。一个创造性的学习环境和学生的批判性思维、创造性思维能力是学生取得成就的关键（Boykin and Noguera，2011，2012；Marks，2000；Jensen，2013）。

一个真正创造性的学习环境的建立需要深思熟虑。希望从创造性的教学策略（增强思维和创造性过程）中看到显著效果的教师一定会刻意而明显地进行创造性教学 （Higgins et al.，2005）。在许多课堂上，老师们会介绍或复习内容，但很少花时间专门指出思考过程，描述具体细节，以及告诉学生如何改进它。单纯的探索和非指导性教学方法比指导性教学明显效率低下，后者非常强调引导学生学习（Beghetto and Kaufman，2010；Kirschner et al.，2006）。因此，为了使思考技能的指导更加明确，教师在指导学生学习的时候，应指出课程中的思考技能，描述如何思考，并给学生提供反馈，帮助学生创造性地思考学习内容。

在创意课堂中，学生能够认识到他们正在学习的内容与他们如何思考这些内容之间的关系（Anderson et al.，2000）。例如，当学生为移民法进行头脑风暴时，他们不仅需要了解移民法，还需要了解头脑风暴意味着什么以及如何做好它。评估准则或反馈工具（参见第 7 章）对于评估学生的知识和他们的创造性思维技能都是必不可少的。使用这些工具也帮助学生们认识到创造性地思考与所思考的知识本身同样重要。

1.4 创造力路线图

通往成功道路上的第一站是辨别必要元素的清单。这个清单包括课程标准、必需的内容和作为课程目标的技能（Drapeau，2004）。然后，教师在创造力路线图（图 1.1）中选择一条道路，或者综合不同的道路将创意教学与内容相结合。

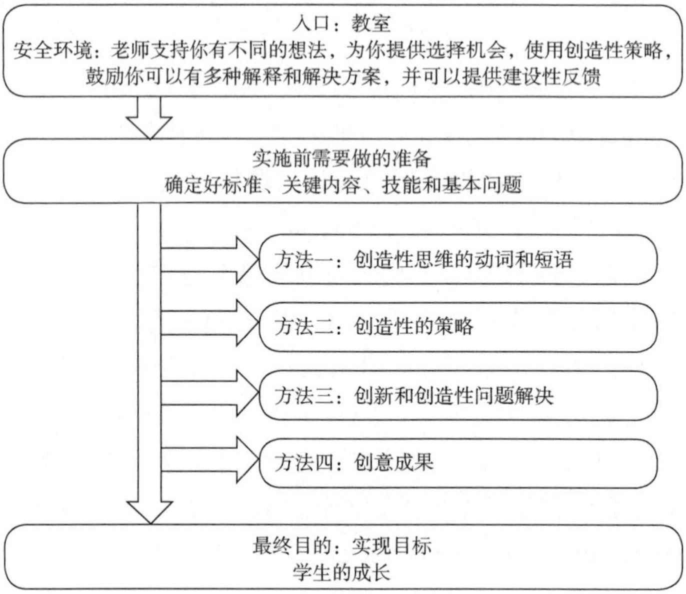

图 1.1 创造力路线图

1.4.1 路径 1：以创造性思维动词为目标

创造力路径 1 的重点是创造性思维的动词和动词短语。一方面，为了促进课堂创造性思维，教师要注意在提问时用的动词。“描述心脏和循环系统之间的关系，用一段话描述一下”，这样提问不会促进创造性思维；描述性动词指导学生仅仅回忆已知的想法。另一方面，运用创造性思维动词，则可以运用创造性思维。在创造力路径 1 中，教师使用的动词鼓励多种答案、不同种类的答案、不同寻常的答案，或者是更动人的答案（如头脑风暴、生成、关联、联系、设计、创造、生产、构造、修饰、预测、改善）。

例如，老师不是要求学生描述心脏和循环系统之间的关系，而是要求学生对心脏和循环系统之间存在的各种不同的关系进行头脑风暴。这个活动的思考重点是创造性思维动词——头脑风暴。学生不仅要提出大家都知道的想法，而且要拓展他们的思维，包括新的想法和可能性。创造力路径 1 对于刚开始在课堂上使用创造力的教师来说是一个很好的起点。然而，这只是万里长征的第一步。做到课堂上的创造力需要做比运用动词或动词短语更多的工作（“抓取并执行”策略 #1，第 2 章）。帮助学生进行真正的创造性工作需要互动、激发创意和额外的策略。

1.4.2 路径 2：专注于创造性策略

创造力路径 2 是通过使用提高学生创造性思维技能的教学策略或工具来设计（或重新设计）一节课。直接提问对于培养创造性思维在某些时候可能是有效的，但持续不断的直接提问与整节课的指导教学不会促进学生互动和参与。推动不止一个答案、不同类型答案或不同寻常答案的教学策略通常需要团队活动来激发灵感。有利于创造性思维的活动包括如下几方面。

1）网罗、编织；

2）头脑风暴；

3）解决问题；

4）可视化；

5）讨论审视观点；

6）转化；

7）象征。

这本书中的40个“抓取并执行”策略帮助所有年级和所有领域的教师探索创造性内容教学。在循环系统课程中，教师可以通过让学生使用“什么代表什么”策略（“抓取并执行”策略#8，第8章）来加强头脑风暴活动，创造一个抽象符号。符号不是课堂的产物，相反，它可以作为学生在围绕有关主题形成一段描述（这是课堂的产物）之前使用的预编写工具。

1.4.3 路径3：使用创造性过程

创造力路径3专注于创造性思维，学生在解决创造性问题和创新的过程中会用到。这些过程遵循某些步骤，这些步骤可能包括或不包括创造性活动，但一定包括创造性思维。例如，学生小组可能会使用创造性问题解决模型来探索一个主题（Isaksen and Treffinger，1985；参见第6章的讨论）。他们从思考人们在处理循环系统疾病时可能遇到的不同问题开始。一旦学生们确定了一个特定的潜在问题，他们就会集思广益，想出不同的解决方案，然后为潜在问题确定最佳解决方案。这个案例体现了循序渐进鼓励创造力的过程。

1.4.4 路径4：运用创意产品

创造力路径4专注于创意产品。创意产品可以是简单的，也可以是复杂的，可以通过多种方式做出各种不同的反应（如书写、动觉、视觉和语言）并可能整合相关技术。例如，一个文学单元可能有“用数字讲故事”（University of Houston Education，2014），鼓励学生超出边界思考，通过在诸如故事鸟（StoryBird）和有趣（Animoto）等网站上创建多媒体演示来阐述人物、场景、故事与见解。在循环课上，学生可以制作 PowerPoint 演示文稿、海报或多媒体演示文稿（如使用在线海报 Glogster）来阐述他们对一个特定问题的识别，以及如何解决它。创意产品可能与班级、学校、社区或全球社区共享。它们可以是小规模的项目，也可以是涉及不同地点人群的多方面的、长期的项目。

1.4.5 利用多途径

当我们试图从一个地方走到另一个地方的时候，我们经常走不止一条路，这也适用于教学。教师可能会决定在课堂上使用一条或多条路径。老师在提示时使用创造性思维动词（路径 1），当学生在创造性问题解决过程中（路径 3），也会让学生参与创造性思维策略（路径 2），课程以产生创意产品结束（路径 4）。创造力路线图可以帮助教师有意识地控制课程中创造力发生的类型和程度。

1.5 使创造力成为一种习惯

对大脑的研究帮助我们了解如何提升我们的创造性思维，使创造性思维成为一种习惯。创造力的驱动力是额叶（我们产生想法的地方）、颞叶（我们判断的地方）和多巴胺释放（让我们感觉良好）之间相互作用的结果。学习在大脑中创造了神经通路，并在使用中得到强化。我们的大脑更喜欢模式、预测、成功、情感和意义。“如果新信息与情感或理智没有联系……它将被丢弃，注意力将减退”（Willis，2006）。然而，创造性思维需要建立新的路径和产生新的及不同寻常的想法，这“与大脑的本能学习相反”（DiSalvo，2011）。通过创造性思维训练，学生在创造新的、有意义的联系和思考新的可能性过程中感到舒适，而不是依靠建立神经通路获得舒适感。只要多加练习，这种新的思维方式就会变成习惯和下意识。

我们的大脑追求成功，这意味着学生喜欢得到一个结果：唯一正确的答案。这与创造力无关。有了创造性思维，只要学生能够为自己的理由辩护，许多答案都是正确的。要能够在创造力中成长，并充分参与到创造性课程中去——要能够将创造力变成一种习惯——学生要相信这个过程。

学生们会在鼓励他们这样做的环境中养成表达自己创造力的习惯。在创造性学习课堂中，师生对各种需求都很敏感，尊重他人的思考和自我表达。在一个学生害怕失败或犯错误，过分关注成绩或担心与众不同，或者经历拒绝、批评或欺凌的课堂上，创造力不会成为一种习惯。只有当学生在一个安全的环境中持续不断地运用创造性思维，同时不断地从事有意义的可靠任务时，创造力才有可能成为一种习惯，改变学生的表现和自尊。

反思和扩展章节信息

1）为什么有意识地去创造是重要的？

2）创造力不仅仅是关于产生和成果，这是一种思维方式。这对您意味着什么？

3）您的课堂上已经产生了什么类型的创造力？您如何判断自己的创造性教学是否有所作为？

4）您知道您教室里哪些学生比其他学生更有创意吗？这些信息对您有用吗？

5）您对看上去或听上去是的创造性课堂的看法是什么？

第 2 章 实践创造性

让它在课堂上发挥作用

创造力是有感染力的，如果你想变得更有创造力，你可以和有创造力的人在一起，寻找有创造力的环境。就像掌握其他东西一样，如果不断练习创造性思维，你会做得更好。同样的道理也适用于你的学生：实践创造力将帮助学生扩展思维、超越现状，但是为了鼓励学生变得更有创造力，我们必须首先考虑老师是如何发挥作用的。

关于创造力的研究结果和创造力专家的研究给教师提出了促进与培养学生创造力的具体建议（表 2.1）。这包括特定的课堂环境因素、学生的思考能力开发和教学策略与方法。

表 2.1　培养学生的创造力

类型	内容
为学生提供……	有意思的工作 有挑战的工作 现实的目标和时间框架
帮助学生……	让学生明白创造力可能产生不安的感觉 拥抱“what if”带来的焦虑和恐惧
支持学生……	整合创新思维技能 扶持教学，而不是“救助”学生 指导和促进讨论 提供建设性的反馈 差异化的指导
建立一个环境……	重视不同类型的创造力 重视团队合作 情感上是安全的和积极的

2.1　探究教师的角色

教师的任务是创造一个充满创造力的课堂环境。Pannels 和 Claxton（2008）指出，课堂氛围影响创造力，Piirto（2004）观察到“创造力要求承担情感风险”（417 页）。因此，老师应提供一个情感上安全的环境，让学生可以自由地分享想法和创意。创意课堂上的学生也理解以不同的方式表达思想的价值。他们乐于提出不同寻常的问题，挑战现状，因为他们受到鼓励去建立超越“正确”答案的新关系。教师鼓励不同寻常的想法，并在口头上或动作上给学生以积极的反馈，以此来支持学生的创造性。在这个特殊的教室里，对创造性想法做出适当的反应是很必要的，这能够帮助学生理解什么可以接受什么不可以接受。所有这些因素都是安全的师生关系的一部分，它们可以促进学生成绩的提高（Hattie，2011）。

老师用新奇的事物来吸引学生的注意力。激发好奇心、有悬念和有趣的课程都能够吸引学生，并促进学习［Koutstaal et al.，1997，由 Wills（2006）引用］。对大脑的研究证明新事物能引起大脑兴奋。当老师提供新材料或新资源或采用新策略时，大脑就会被唤醒并集中注意力。教师可以提供一些新颖的方式，包括把自己装扮成故事中的人物或历史上的人物、使用道具和实物、播放背景音乐、讲笑话、重新布置家具、玩游戏来温习和改变课程的流程。

在一个创造性的氛围中，教师会尽可能多地为学生提供可选择性。可选择性对于创造力来说是必不可少的（Sprenger，2010），它能激发学生的积极性，因为它能让学生对自己的学习有一种控制感，从而产生学习的自主性。可选择性通过承认个性来加强师生关系（Deci，1995）。选项并不是完全无限制的，尽管各种供选择的可能性可以完全由学生发起（如学生选择一个产品来阐述个人理解），但可以简化到为一个最终结果提供 2 ~ 3 个选项。

教师知道，团体意识在创造性课堂中是必不可少的；通过不断重塑团体，班级培养了一种团体意识，学生们学会了重视彼此的个人优势和能力。虽然在某些情况下，整体教学可能是有效的，但在促进创造力的时候，小组是更有意义的，因为创造力是非常社会化的（Farrell，2001；John-Steiner，2000；Sawyer，2003，2006a）；Sawyer（2006b）说“创造性见解通常源于合作团队和创新圈”。不同类型的小组教学包括以下内容。

1）能力小组，基于学生在特定内容领域的能力，而不是基于学生的创造性思维能力。能力小组通常是固定的，但并非必须固定；如果学生的能力发生变化，他们应该能够从一个小组转移到另一个小组。

2）合作小组，以学生兴趣为基础，也可以是随机组建的、由不同能力水平的学生组成。学生通常在合作小组中扮演特定的角色。这类分组的重点是学术和社会学习，很少考虑到认知偏好。

3）灵活小组，根据个人需求、优势和喜好组建与重组。当小组的重点改变时，组中的成员也会改变。这种类型的分组有助于形成支持性的创造性环境。

课堂教师为学生提供有趣而富有挑战性的工作，并设定现实的目标和时间框架帮助学生成功。Csikszentmihalyi（1996）用“flow”定义了热情参与和完全投入的状态；当学生们处于 flow 状态时，他们会忘记时间。尽管学生在学校环境中达到这种状态的机会并不多，但教师仍应努力培养条件使 flow 状态得以发生。

在创造性课堂中，学生们需要想出各种可能的解决方案和答案，而不是寻求单一的正确答案。学生产生的想法越多，其中的一些想法就越有可能具有创造性（Simonton，1999）。当学生练习头脑风暴时，他们是在学习容忍模棱两可。提供扶持帮助（然后逐渐去掉这些帮助），而不是把学生从挫折中解救出来，鼓励学生产生不同的模糊的想法。学生们在发展他们的创造性思维技能时也需要支持，因为创造性过程会引起焦虑；正如动画师 Chuck Jones 所观察到的，“恐惧在任何创造性工作中都是至关重要的，而焦虑是创造力的侍女”（Goleman et al.，1992）。扶持帮助系统应能够帮助学生促进其自主性，而不是培养学生对教师的依赖。

辅导学生，尤其是设定可衡量的目标和将过程分解成离散的步骤，可以帮助他们培养影响创造力的内在动力（Amabile，1998）。创造性课堂的教师充当教练，为学生提供资源、示范和建议，并制定衡量进步和成功的标准。辅导学生也可以扩展到比赛中，但当比赛促进团队合作、创造力和反馈时，教师的辅导方式只会影响内在动力（如创意思维活动、定向创意、未来解难和探索性思维）。

2.2 以创造力技能为目标

Paul Torrance 被称为“创造力之父”，他指出了四种创造性思维技能（1987a）。他的研究提供了证据，证明这四种技能可以传授和评估（见第 7 章）。

1）流畅性，产生许多想法的能力，重点在关键词“许多”上。

2）灵活性，产生不同类型想法的能力，重点在关键词“变化”上。

3）原创性，产生一个独一无二的想法的能力，重点在关键词“不寻常”上。

4）详尽性，添加细节或扩展想法的能力，重点在关键词“附加”上。

在创造性课堂上，要求学生进行头脑风暴，想出许多（流畅性）、不同（灵活性）和不同寻常（原创性）的想法，强化一种想法（详尽性）或把它与另一种想法结合起来（灵活性），这四种技能可以而且通常都是重叠的。

1. 流畅性

实现流畅性目标不是产生一个突出的想法，而是产生许多想法。数量是我们的目标；通过数量，我们希望能找到一些有质量的结果。大多数情况下，老师会用一些头脑风暴的技巧来鼓励学生在创造力上具有流畅性。学生们可以口头或无声地进行头脑风暴（通过写回信，把他们的论文分发给其他人以增加想法）。在“停止和开始”头脑风暴过程中，学生们提出想法，停止并评估想法，然后再进行头脑风暴。如果学生善于头脑风暴，他们的创造力可能突出体现在流畅性方面。如果他们不善于头脑风暴，他们可以通过练习来提高。

每个老师都遇到过一些学生，他们似乎在头脑风暴活动中遇到困难。只理解了内容信息表面意思的学生往往很难对这个主题产生很多想法，因为他们的知识有限。有些学生虽然有知识，但不善于头脑风暴。教师帮助学生进行头脑风暴的策略包括以下内容。

1）以课堂环境为灵感。告诉学生在被困住和想不出任何想法的时候环顾四周。房间里有什么东西可以和内容信息联系起来吗？例如，如果学生们在头脑风暴中要列出他们所知道的关于海啸的一切，注意到外面的阳光可能是一个提醒，即海啸可能发生在一个阳光灿烂的日子里。

2）利用学生的兴趣来帮助他们产生想法。如果头脑风暴活动围绕着一个文学人物为何表现出某种特殊的行为来展开，鼓励学生将这种行为与他们最喜欢的书、电视节目或新闻中的一个体育人物的相似行为联系起来。

不具备流畅性的学生通常会依赖脑海中的第一个想法，这通常是一个常见的想法，而不是一个对内容进行深入思考的想法。除了提高产生多个答案的流畅程度外，学生们还能生成各种各样的“正确”答案。例如，如果学生被问及在西进运动中人们可能在俄勒冈小道（Oregon trail）上发现的东西的类型，“计算机”并不是正确的反馈；答案必须在问题特征范围内有意义。问题特征被定义得越明确，学生的反馈就越相关。

2. 灵活性

为了让学生能够更深入地思考内容，他们需要能够以不同的方式思考问题。当学生们考虑不同的观点，做类比和隐喻，提出改变或改进时，他们会表现出灵活的思维。

要运用灵活的思维，学生必须了解和理解超出表面层次的内容。和流畅性一样，学生可能需要练习和指导才能产生许多不同的想法。一个能产生很多想法的学生是在运用流畅的思维，但是如果所有的想法都集中在同样的思维上，就不会表现出灵活性。在教学生运用灵活思维的时候，重要的是要强调对学生的期望，即不只是产生很多的反馈，更要产生不同的反馈。

理解内容的学生可能仍然难以产生不同的想法，这表明他们需要针对灵活性的思维技巧进行额外练习。练习是有帮助的，但是老师必须作为一个教练，并且教给学生当他们没有想法时可以使用的策略。一种培训学生的方法是帮助他们理解不同类型的想法属于不同的类别。例如，老师说出一个类别，“动物”，学生列出许多动物。不久之后，老师说出了“食物”。学生们换挡，开始列举食物。这种情况一直持续下去，直到学生们不仅能理解，而且能感受到他们的想法从一个类别跳到另一个类别的感觉。一旦学生掌握了这一点，我们就可以要求他们在我们希望他们做出改变的时候灵活地思考。例如，如果灰姑娘不穷，故事会有什么不同？或者，南方赢得内战的方式有哪些？通过分类思考，学生们大概不会陷入单轨思考中。

另一种帮助学生摆脱思维束缚的方法是建立强迫联想模型。例如，老师可以问学生，像“缓慢而稳定地赢得比赛”这样的口号是如何以多种多样的方式适用于灰姑娘的故事，或电路的概念，或数学问题的解决的。这个策略展示了灵活的思维是如何帮助我们建立联系的。

多年前，Osborn（1963）提出了一些特定类型的问题，可用于唤起灵活的思维。Eberle（1971）的奔跑法记忆术——代替、结合、适应、最大化或最小化、用于其他用途、消除和重新排列——构建于此概念之上。表 2.2 展示了缅因州的一名四年级教师在关于学生所在州的工业、资源、食品和经济方面的单元教学里，如何利用奔跑法来提高灵活思维；教师利用缅因州的官方待遇来勾起学生的兴趣。学生们用记忆法来讨论，是否有什么东西被改变、替换、结合、适应等，如同把普通的巧克力蛋糕变成缅因州著名的甜点“无比派”。

表 2.2 在快速问答中塑造思维的灵活性

奔跑法技能	快速提问	学生的作品
代替	如果用香草代替巧克力会怎么样？	列出可能性，然后选择一个来说明
结合	如果你把巧克力蛋糕和生奶油混在一起会怎么样？	列出可能性，然后选择一个来说明
适应	你如何能够改变圆形蛋糕的形状？	列出可能性，然后选择一个来描述
最大化或最小化	最大或最小的一块巧克力蛋糕是什么样子的？	列出可能性，然后选择一个来描述
用于其他用途	巧克力蛋糕还有什么其他用途？	列出可能性
消除	如果你不吃巧克力蛋糕里的糖会发生什么？	描述出想法
重新排列	如果巧克力蛋糕被认为是一种健康的零食会是什么样子？	列出可能性

3. 原创性

原创性是创造独一无二的创意的能力。许多学生需要发展他们的流畅性和灵活性，才能产生原创的想法。以流畅性为出发点有助于原创性的发展，如果一个学生能产生许多想法，那么一两个想法就更有可能不同于其他学生的想法（Simonton，1999）。灵活的思维可以让学生比较他们自己的想法，看看它们之间有多大的不同。对于一门课的一个学生来说，一个与任何人不同的想法就可以被认为是原创的想法。

重要的是，学生要明白，产生一个新颖的想法是有前后关系的，它基于某一课程某一时刻某些情境。学生可能在某些情境下能够产生原创的想法，而在其他情境下则不能。和教授流畅性与灵活性思维一样，与学生明确讨论原创思维的过程是很重要的。例如，一节课上要求学生用头脑风暴的方式列出解决世界饥饿问题的想法清单（流畅性），然后把这些想法分类，看看有多少不同类型的创意生成（灵活性），然后确定它们是否有独特的（原创的）想法，这为学生阐述了过程概念，这种特殊的方法遵循了人才无限思考技能模型（Schlichter，1986）。

就像教学生运用灵活性思维一样，在鼓励原创性的时候，可以将学生当前的兴趣和流行的文化参照结合起来。我认识一个中学的社会研究老师，他为他在缅因州的常规课程注入了具有原创性的思维。他设计了一个网络任务，其中包括许多流畅性和灵活性的思考活动，学生可以选择他们的总结评估的形式。学生们在网络上研究不同国家的信息，然后各小组的学生写歌（作为流行音乐）提炼信息或制作 PowerPoint 演示文稿。这个项目非常受学生的欢迎，使老师能够评估学生对内容的掌握程度及他们作品的原创性。

当老师想到原创性时，他们通常会想到原创的产品或发明。这很好，除此之外我们也要重视原创的思维。在这一章的结尾，“抓取并执行”的想法包括针对原创思维的方法。

4. 详尽性

详尽性是指为别人的想法添加细节或者扩展一个想法的能力——采取一个想法并“一起参与它”。与其他创造性思维技能一样，发散性思维要求学生对内容有一个牢固的把握，以便扩展题目、概念、问题或主题。当将详尽性作为一种创造性思维技能引入时，需要为学生提供详尽性的例子（如电脑、房屋翻修、电影续集或经典文学作品、科学概念或理论、为响应社区关注或问题而建立的组织）。帮助学生理解有质量的详尽性，它不是简单地添加细节或以不同的方式重复一个想法。一种有效的方法是让学生们比较文章（如一篇文章篇幅很长，但却没有多少内容，而一篇较短的文章实际上提供了更多的详尽性）。

和原创性一样，详尽性技巧建立在流畅性和灵活性之上；当学生更容易产生许多不同的想法时，他们也能识别出最适合扩展或完善的想法。可以通过为学生提供模板、特定资源或工具（如图像式思考辅助工具）来帮助他们管理信息和组织他们的想法，从而有助于进行详尽性的扶持教学。

当老师想让学生详细说明，而学生又用一两句不详细的句子回答时，会发生什么？这表明学生缺乏内容知识，或者仅仅是无法想出更多的回答。鼓励学生“借用”彼此的想法能帮他们建立详尽性过程模型。例如，如果一个学生说海啸导致异常高的潮水，另一个学生可能会利用这个观点，观察到海啸通常会导致侵蚀；第一个学生对涨潮的评论让下一个学生想到潮水冲走了沙子和土壤。

2.3 评估创造力

创造力可以作为形成性评价或总结性评价的一部分进行评估；不过，创造性思维的评估应包括特定标准（更多关于这个主题的内容参见第 7 章）。如果要求学生想出多种方法来改变一个故事的结尾，那么应该评估他们有多少种方法可以在保持故事的完整性的同时改变故事的结尾。其他标准可以用来确定这些想法是有意义的，或者判定答案的质量。学生的学习受到全面的评估准则的引导，这一准则反映了一个课程的所有组成部分：内容、需要的思考过程和结果。

好的评估准则不仅能让学生知道老师的期望，还能提供一种自我评估的方法，让学生能够发现自己的长处和短处。评估准则应包括对不同层级绩效的评判，以帮助学生设定目标。这种类型的评估准则也加强了学生的自主性：一旦学生“理解做什么和为什么，大多数学生会认为能够控制自己的学习”（Brookhart，2008）。

表 2.3 是为评估创造力流畅性而开发的一个评估准则的示例。任务是让学生列出许多方法来改变故事的结尾，同时保持原始情节的完整性。他们还将写一段描述性的话详细阐述这个故事，包括一个新的故事结尾。清晰的评估准则使学生能够理解该项任务的预期。这个任务有两个部分：对一个故事的不同结尾进行头脑风暴和产生一个描述性的段落来扩展阅读。尽管它的目标是流畅性，但任务包含了灵活性（产生不同的想法）和原创性（表达原创想法）的要素，同时也涉及写作标准（组织、表达清晰、没有语法或拼写错误）。

表 2.3　评估创造性流畅性的样本

列出一些改变故事结尾的方法（同时保持原情节的完整性），并写一个描述段落，详细描述故事，包括一个新的故事结尾				
技术组件	1	2	3	4
内容	不明白课文或故事	可以重述要点	理解文本组件并包含详细信息	理解文本组成、过渡和语调，并包含许多细节
流畅性	列出 1 个或 2 个替代结尾的想法	列出 3 个或 4 个替代结尾的想法	列出 5 个或 6 个替代结尾的想法	列出超过 6 种不同的结尾方式
原文和新创意之间的联系	大多数的想法都不符合逻辑，也不符合上下文	只有很少的想法是合乎逻辑的，并且从上下文来看是有意义的	有些想法是合乎逻辑的，并且从上下文看有意义	所有的想法都是合乎逻辑的，并且在语境中是有意义的
分段描述（产品）	段落组织不良，不清晰，包含语法 / 拼写错误	段落的组织结构大部分良好，语法和拼写错误也很少	段落组织良好，书写清晰，没有语法或拼写错误	段落组织得很好，写得很清楚，没有错误，而且表达了独到的见解

学生们可以单独进行头脑风暴，尽管我之前提到，集体头脑风暴会鼓励更多的想法，会产生更大的创造力。如果这类任务的头脑风暴是在小组中进行的，既不要评估流畅性，也不要通过计算答案数量来进行小组评估并给出小组或全班的流畅性分数。这种方法正向利用了竞争，即学生一起努力达到一个目标。然而，在评估小组的表现时，最好给出描述性反馈，而不是将评估转化为个人成绩（见第 7 章）。

创造性思维活动通常不是孤立存在的，而是包含在一个更大的课程中。创造力是课程的一个重要部分还是课程的一小部分并不重要，重要的是要开始与学生讨论创造力，利用创造力帮助学生理解内容，并向学生提供对内容、思考过程和课程结果的描述性反馈。

在本章最后的 12 个“抓取并执行”的策略中，包括支持学生发展不同的创造性思维技能的方法，在现有的课程计划中嵌入创造性思维技能的方法，以及在更大的教学策略中整合创造性思维的方法。这些方法易于实现，可适用于大多数内容领域，适应学生的一系列学习需求和风格，并针对学生的能力产生信息而不是消费信息。正如第 1 章所指出的，明确地教授创造力是很重要的；也就是说，除了识别要获取或加强的内容知识之外，还要明确地告诉学生这一课需要创造性思维，识别正在使用的创造性思维技能，并为学生示范创造性思维过程。

反思和扩展章节信息

1）为什么特别需要培养创造力？

2）如果我们已经在使用有效的教学实践，为什么我们还需要使用创造性的策略和技术？

3）分组实践对成功的创造性思维活动有多重要？

4）学生的独立程度如何影响创造性表现？

5）制订计划：本周选择三个策略来尝试。哪些策略对你的内容最有效？

1.“抓取并执行”策略 #1：启动语

在探索创造力路径 1 时，启动语是很有用的。它们很容易使用，可以用来替代现有的动词，也可以用于简单或复杂的内容。

如果目标是流畅性，使用这里所给出的启动语例子，并把它们和你的内容联系起来。记住，流畅性的提示意味着老师正在寻找许多答案。流畅性启动语引导学生列举或口头回复如下内容。

1）可能发生的情况；

2）做事情的方法；

3）有类似用途的东西；

4）物体或发明的其他用途；

5）提到某个词、某个人或情景时所想到的事物；

6）与同一对象或概念相关的词；

7）表达类似想法的方式；

8）做某事的新方法；

9）关于新概念或信息的提问；

10）事件发生特定转折之后的结果；

11）描述对象或事件的词。

如果以灵活性为目标，那么头脑风暴活动将变得更加具体和集中。教师不仅仅要寻找更多想法，更要寻找不同的想法。学生们正在思考如何改变，这恰恰是由于他们灵活的思维而导致的变化。灵活性启动语的例子包括以下内容。

1）以何种方式可能……

2）列出修改……的不同方式……

3）如果……会怎样？

4）描述对……可能产生的改变。

5）列出不同的情景、主题等。

6）改进……的不同方法有哪些？

如果目标是原创性，启动语鼓励学生去思考原创或不寻常的回答。独特的、原创的、不寻常的等形容词帮助学生理解这一课的重点是原创性。原创性启动语的例子如下。

1）你会如何设计？

2）列举发展……的方式。

3）发明一种……

4）做一个独一无二的……

5）想出你自己的办法去……

6）提出一种新颖的方法……

如果以详尽性为目标，启动语可以帮助学生做出详细精确的反应。详尽性启动短语的例子包括以下几点。

1）增加……

2）建立在……

3）展开……

4）扩展……

5）提高……

2.“抓取并执行”策略 #2：提问多元化

这种“抓取并执行”的策略主要以流畅性为目标，尽管这种策略很容易并入灵活性、原创性和详尽性的元素。这一策略提醒教师，对于运用创造力路径 1 来说，运用不同类型的创造性提问是一个重要策略。

老师们可能会陷入提的问题与流畅性问题相同的困境。要想让学生运用创造性思维技能，可以提出各种类别或事物供他们考虑。使用分类来帮助多元化他们的问题，但确保学生不只是提供记忆中的内容；他们需要超越回忆来推断、预测和考虑可能性。

流畅性问题例子如下。

1）如果……会发生什么？例如，如果英国赢得了独立战争，会发生什么？如果我们没有任何形式的测量会发生什么？如果爱迪生不发明灯泡，会发生什么？如果我们没有司法系统会发生什么？

2）不寻常的用途。例如，手机有什么不同寻常的用途？汽车有什么不同寻常的用途？一个废弃的工厂建筑有什么不同寻常的用途？宠物有什么不同寻常的用途？

3）产品改进。列出改进《独立宣言》的方法；列出改善天气预报工具的方法；列出改进网站的方法；列出改善食物分配的方法。

4）角度思考。列出多个不同利益相关者，并从他们的角度出发进行头脑风暴。例如，描述不同的人物对小说中同一事件的反应；不同的人以及他们对教育或不同政治制度的看法。

5）因果关系。例如，列出引起内战的不同原因和结果；列出小说中人物行为的因果关系；列出不回收的原因和影响。

3.“抓取并执行”策略 #3：逆向头脑风暴

逆向头脑风暴是创造力路径 2 的一种策略。通过逆向头脑风暴，学生们可以从对立面来解决问题。学生们产生了许多与他们目标相反的想法。他们反思自己的答案，以另一种新方式思考原始问题。这就要求学生能同时运用流畅性和灵活性，促使他们对问题形成新的观点和看法，并改善最初的解决方案或反馈。例如，逆向头脑风暴的想法包括以下内容。

1）增加污染而不是减少污染。

2）促进更多的战争，而不是思考如何减少战争。

3）增加我们的用水量，而不是考虑如何节约用水。

4）促进药物使用，而不是考虑减少药物使用。

5）在虚构的文本中强化一种情况，使角色的情况变得更糟，而不是解决问题。

6）加重已经很糟糕的情况，而不是改善糟糕的情况。

7）对一个主题或情况产生最坏的想法，而不是产生积极的想法。

8）学习效果不佳，而不是掌握学习技能。

4.“抓取并执行”策略 #4：声音效果

这一策略属于创造力路径 2，比之前的策略更复杂。当以流畅性、灵活性或原创性为目标时，请将学生的注意力集中在列出许多可能的声音效果、不同类型的声音效果，以及使用声音效果进行文本的原创表演上。第一课要求学生注意视频或音频片段中的声音效果。声音效果有什么作用？声音效果能帮助听众理解乐曲的意思吗？给小组学生分配文本选项（小说、新闻故事、评论文章），让他们对不同的声音效果进行头脑风暴，以增强选择文本的意图。声音效果可能局限于现有的乐器或在线资源——或者根本没有外部资源（如鼓掌、跺脚、口头声音效果）。然后学生选择最佳效果，以增强对选择文本的理解。当使用此策略时，工作表（表 2.4）可以帮助学生注意使用的声音效果和时间。学生组织信息之后进行排练，然后录制或表演他们的作品给班上其他人看。

表 2.4　声音效果一览

学生姓名：	
文本主题：	演示日期：
列出可能使用的声音效果：	

续表

声音效果类型	页面或段落数	加入声音效果时的标志语	谁发出声音
1			
2			
3			
4			
5			
6			
7			

5."抓取并执行"策略 #5:交换卡

与大多数策略一样,交换卡策略属于创造力路径 2(除非它是课程的实际产物,在这种情况下,它属于创造力路径 4)。制作交换卡可让学生以锻炼其创造性技能的方式提炼和表达内容知识。交换卡活动中强调的思维技能是流畅性和原创性。

在这种实践活动中,学生将交换卡或扑克牌牌面盖住,并重新设计牌面以解决具体内容涉及的问题。卡片牌面可以通过照片、水彩、拼贴画、涂鸦或混合媒体设计,并在扑克牌上绘画、粘贴或绘制,也可以在计算机上创建(见 ReadWriteThink,www.readwritethink.org/classroom-resources/student-interactives/trading-card-creator-30056.html)。卡片本身可以作为工具激励学生深入学习主题,产生具体或抽象的联想,得出结论或预测未来的可能性。

例子如下。

1)在一个五年级希腊神话的教学单元中,学生选择希腊男神或女神,并创建一张象征着他们特征的卡片,符号应该是抽象的而不是具体的。该任务包括研究并产生许多不同的符号或描述,以及选择要在卡上呈现的最佳元素。学生选择符号和扑克牌本身的二维或三维设计都强调了原创性。

2)在四年级的课程中,学生创建数学扑克牌来阐述对添加不同分母的分数的理解。

3）在八年级的物理科学课中，学生为不同的天文学概念创建卡片。

4）在社会研究中，卡片被用作展示单元，显示俄勒冈小道上的条件或展示在签署《独立宣言》期间的政治气候。

6.“抓取并执行”策略 #6：联系并解决

这个策略属于创造力路径 2，要求学生同时使用流畅性和灵活性。学生通过在随机词的特征和解决的问题之间建立联系或关联来锻炼他们的灵活思维技巧。

首先，班级作为一个整体生成一个名词列表。然后，每个小组的学生都分到一个名词；这可以通过让一个小组代表从碗里的字条或者粘在黑板上的纸条中抓阄，或者通过让小组分配彼此的名词来完成。之后各小组在他们的名词和课程主题之间产生尽可能多的联系。他们利用这些想法找到解决故事中问题的方法，阐明历史事件的关键，或者解决环境问题。各小组选择他们认为最好的解决方案，并将他们的发现展示给全班。

例如，在 Louis Sachar 的故事《洞》（1998 年）中，Stanley Yelnats 被指控偷窃并被判处去得克萨斯州“绿湖营地”少年拘留中心挖洞。读完这篇文章后，学生们用“联系并解决”策略来确定 Stanley 应对他在拘留中心处境的最佳方式。每组学生从帽子里抽出一张纸来选择三个名词。各小组选择一个名词（丢弃其他两个），对名词的特点进行头脑风暴，然后结合在故事中的情况确定他们认为的最好的想法。一个小组选择狗、鞋和书。他们选择狗，并产生以下狗的特征：友好、忠诚、运动、睡觉很多、喜欢吃和嬉戏。接下来，他们建立联系。

1）友好：Stanley 可以和朋友们一起挖洞。

2）忠诚：Stanley 忠于他的朋友。

3）运动：Stanley 认为挖洞是他的新塑形计划。

4）睡觉和吃：Stanley 可以在休息期间睡觉，他喜欢吃。

5）嬉戏：Stanley 根据挖洞想出一个游戏。

学生们认为，在所处环境下，Stanley 最好的想法是把挖掘作为他的锻炼计划，因为这将帮助他保持身材，变得更强，重建自尊。小组的学生互相分享他们的反馈。学生们会根据他们的新想法讨论故事改写后的模样。

7. “抓取并执行”策略 #7：变化矩阵

变化矩阵是创造力路径 2 的一个图像式思考辅助工具，有助于指导学生灵活思考，侧重于以不同的方式来改变想法或进行改善。创建矩阵，需要提供描述符列表及学生必须反馈的提示。表 2.5 说明矩阵可以适应不同的内容区域；创建变化矩阵时，请确保主题和描述符与课程目的相匹配。例如，在科学的例子中，学生将利用从研究云的过程中获得的知识来讨论云的形成中不同的变化意味着什么。

表 2.5 变化矩阵

提示	描述符			
数学	更大	更小	更长	更短
四边形尺寸的变化				
英语语言艺术	更强	更弱	更友好	更勇敢
一个角色行为或态度的改变				
科学	更大	更小	更亮	更暗
云形成过程中的变化				
社会研究	极大	较少	更坏	更好
探险家的影响的变化				

8. “抓取并执行”策略 #8：什么代表什么

这项策略，即学生创建一个与内容相关的抽象符号或图片，是基于 Wilhelm（2002）的符号表示概念。它的目标是灵活性思维，学生需要能够使用它以便在符号和内容之间建立联系，也要求学生识别一个符号和内容信息之间的有力关联。和其他策略一样，这项活动属于创造力路径 2。

例如，在一节识字课中，一名中学英语教师要求学生思考一个符号，代表 S. E. Hinton 的《局外人》（1967 年）的主题。一个学生创造了一幅画，周围有一个框架；这幅画是以人形剪纸组成的。一半画显示大小和颜色都是相同的人形图案，这象征着故事中的人们希望彼此是相同的。在另一半画中，人的形状大小和颜色是不同的，表示很多人认为大家彼此不同会更有趣。这幅画还有一个框粘着数块镜子，地名都被写在镜子上。这些地名象征着一个想法，即无论你去哪里，你总是你，你不能逃避自己。

制作符号来表示内容是学生产生创意的有力途径。学生可以选择文字符号来象征内容。为了增进深层意义，学生需要探索符号与内容之间的不寻常联系。当建立不寻常的联系时，学生们需要解释符号和内容之间的关系，并说明为什么这些符号是有意义的。

9.“抓取并执行”策略 #9：NUP

NUP 代表新的和不寻常的产品，属于创造力路径 4。这种原创思维活动适合于许多内容，可以提高现有的最终产品或项目的分配。在分配一个终极项目时，能够把学生的注意力集中在创造新的事物（如结构、未来物品、艺术品、音乐创作、避难所、解决方案和角色）上。

这个想法也可以用于要求学生使用三维材料处理信息。在一节课中使用原创思维来创建一个新的、不寻常产品的例子是，为学生提供不同的材料来设计道具，用以重现创造过程。这项活动的目的是让学生在再现过程中以不同寻常和独特的方式使用这些材料。

10.“抓取并执行”策略 #10：扮演某某

扮演某某是创造力路径 2 中的策略，要求学生理解和应用拟人法。学生用流畅的思维产生许多反应和原创思维，使自己成为一个目标中的角色。在扮演某某时，学生需要回答三个问题。

1）你感觉如何？

2）你有什么想法？

3）你会怎么做？

该策略适用于各个年级和内容领域。表 2.6 通过小学课堂学习平行四边形和一个中学班级阅读 Louis Sacher 的《洞》（1998 年）的案例展示了如何使用该策略。大多数情况下，教师使用这种策略作为写作前的构思技术；学生利用他们产生的想法来构建一个简短的描述或更精心的作文片段。这个策略也可以用来设计一个生动的讨论，旨在针对内容挖掘深层次的含义。

表 2.6 学生对“扮演某某”提示的回应

年级和内容领域	“扮演某某”的提示		
	你感觉如何？	你有什么想法？	你会怎么做？
小学数学：平行四边形	受到局限的； 结构化的； 容易倾斜的	我会挺直身子吗？ 我取决于我的对立面； 我由较小的形状组成	我会让别人操纵我的； 我会有用的
中学英语语言艺术：《洞》（Shchar，1998）中的铁铲	羞愧； 悲伤； 痛心	我不想挖洞； 我很羞愧我干这个； 我老了，散架了	我要放弃

11.“抓取并执行”策略 #11：丢失与找到

在这个创造力路径 2 策略中，学生们想象他们找到了一些被“丢失”的信息。这些虚构的丢失信息提供了关于已知信息的详细说明或更多细节。

例如，在一个小学的科学课上，学生读了《塑造地球表面：水》（Kramer，2005）中“威尼斯的洪水”一章。老师告诉他们要想象找到了本章的早期草稿，这个稿子中包含了作者所舍弃的洪水造成的影响的相关信息。这可能是什么样的信息呢？学生进行研究以找到适合本章的附加信息，用自己的语言写出这些信息，然后班级收集信息——这提高了学生的内容知识和他们在合作小组中的工作能力。

与正在阅读文学作品的学生做一个有趣的活动：告诉学生想象他们找到了这本书丢掉的完整的一章。他们必须写下这一章的摘要，并放在整个故事的适当位置，以便在没有实际改变故事情节的情况下对故事进行扩充。

12.“抓取并执行”策略 #12：多种声音

这项策略属于创造力路径 2，要求学生有灵活性思维和详尽性技能，可以很容易地融入一个通常产生对立观点的单元。例如，正在研究能源的学生读到了关于露天采矿的不同观点。教师对学生进行分组，并给他们分配一个观点。小组中的每个学生都写一封有说服力的信，支撑自己的观点。小组内交换文字，每个学生标出信中最重要的陈述。然后，该组协同工作为标出的点排序。他们将这些句子口头读给另一组，组中的每个人都读一句话。

“多种声音”使用了许多技能。首先，学生们详细阐述关于露天采矿的现有信息，不仅仅是写信，还在他们的小组讨论中确定最重要的观点。小组必须共同努力，就他们提出论点的顺序达成一致意见，这需要学生们合作，以及对内容要有深刻的理解。其次，他们要提出对立观点，这使他们在讨论这两个观点时更容易换位思考。

第 3 章 创造力和共同核心

将“What”与“How”匹配

共同核心国家标准（Common Core State Standards，CCSS）为我们希望学生认识和理解的东西提出了严格的目标。这些标准提供了一个组织体系来处理教学内容。CCSS 强调文本的复杂性、信息性文本和批判性思维，旨在帮助学生更好地为大学和职业生涯做好准备。CCSS 定义了内容，以及学术技能和理解的标准，为学生学习有挑战性的内容提供了机会。

为什么不把创造力作为一种工具来帮助学生满足 CCSS 的要求呢？正如第 1 章所指出的，创造性思维技能可以提高学生对内容的掌握程度（Beghetto and Kaufman，2010），CCSS 强调文本的复杂性，这似乎要求学生同时运用批判性和创造性思维技能。然而，粗略地回顾一下英语语言艺术标准［国家州长协会最佳实践中心，国家首席学校官员理事会（NGA Center，2010a）］，会发现与创造力相关的动词没有受到重视；而 CCSS 反复使用诸如重新叙述、解释、引用和总结等动词，创造性思维动词如建立联系、整合和推断等在某些年级水平上则很少使用或根本不用。同样，数学的标准（NGA Center，2010b）使用解决、应用、解释和理解等词，比使用创造性思维动词的说明、扩展或比较等要频繁得多。

这意味着，教师在按照 CCSS 等标准教学时，需要运用自己的详尽性技能，将创造力融入其中。为了整合创造力，教师需要调整课程计划，以便通过创造性地处理信息来达到批判性思维标准。

为了说明这是如何实现的，请考虑动词的扩展、组合和生成。CCSS 一年级的数字和操作标准是为了让学生能够“扩展数列”（NGA Center，2010b）。教师要求学生扩展数列 2、4、6、8 的活动并不鼓励创造性思维；学生可以扩展序列，而不必扩展他们关于模式和序列的知识。但是，如果老师给学生一个序列 1、2、3、2、1，并要求学生尽可能多地以数学意义上的方式扩展这个序列，那么老师就是在要求学生扩展这个序列并扩展他们对序列的思考。学生必须用创造性思维来想出多种答案。

如果教师想要培养创造性思维，他们必须运用自己的想象力和创造力，将创造性思维技能融入课堂，或者改革课程将这些技能包括进来。这并不像听起来那么难；除了以促进学生使用创造性思维技能的方式（如数学排序示例所示）呈现信息之外，教师还可以相当容易地解构标准，以查看它们所包含的内容，然后重构标准以吸收创造力。

3.1 体现创造性思维的标准

要解构一个标准，首先要确定它包含的内容、主题、子主题和概念；这些通常被表述为名词。接下来，识别标准中的动词；动词指向的是思维水平（如描述、分析、表示和确定）。将创造力融入现有标准的一种方式是用创造性思维动词（创造力路径 1）替代一般动词来重构标准；另一种方式是修改或添加修饰词——形容词和副词，用来描述学生被期望的反应程度。

例如，图 3.1 中 CCSS 二年级阅读标准是“确定多段文本的主题，以及文本中特定段落的重点”（RI.2.2；NGA Center，2010b）。标准本质上是要求学生知道主题是什么和一个段落的重点是什么，还必须熟悉多段文本的概念。动词识别不仅仅是一个低层次的思考动词；它也不是一个非常令人兴奋的动词。重新构建标准，用创造性思维的动词（如替换）代替一般动词，从而形成一种促进灵活的创造性思维的标准。重构后的标准是“将多段文本的主题和文本中特定段落的重点替换掉”。为了应对这个提示，学生们仍然需要能够识别最初的主题和其他段落的重点，但是当他们进行替换的时候，他们会进行创造性的思考。这种活动要求学生在思考课文的时候要深入一点，以加强对内容的理解。此外，对一个主题进行替换要比简单地确定一个主题更具智力上的趣味性和挑战性。通过改变动词，这一标准增加了乐趣和参与度；正如第 1 章所提到的，以这种方式吸引学生可以帮助他们从学习中找到意义（Grant et al.，2012）。

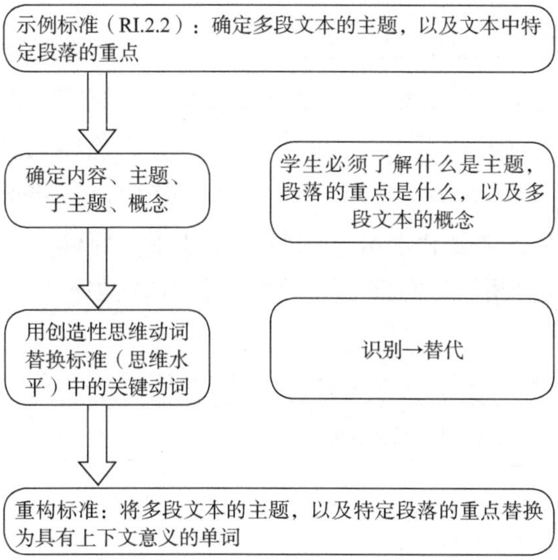

图 3.1 重建 CCSS：使用创造性思维的动词

乍一看，这似乎是荒谬的。当学生甚至连主题都认不出来时，为什么老师要让他们做替换呢？这种类型的挑战对学生来说是一种智力激励：如果学生想要替换，但又不知道该替换什么，是因为他们无法确定主题，那么他们现在就有理由去学习主题是什么。我们称之为“走后门的教学”（teaching through the back door）。与其先教基础知识，然后构建复杂知识，不如通过“走后门”进行教学，这样可以让学生的学习变得更有趣，因为他们可以先处理更多方面的内容。这就好比学钢琴的学生在第一节课上是学一首歌还是无聊地学习指法一样。

我认识的一个四年级老师对一个不愿意学习乘法表的学生采用了这种“后溯性的”（backward）教学方法。老师没有让学生做计算工作表，也没有让学生使用专注于练习乘法的电脑程序，而是给了学生有趣的多步单词问题，这些问题需要通过乘法来解决。起初，学生不断地把问题中的数字加起来以找到答案，这个过程导致了一些加法的错误，学生花了很长时间才能找到答案。学生这时候意识到从长远来看，记住乘法表就能更快、更容易地进行计算，这时这个学生找到了一个学习乘法表的理由。

阐述修改限定词的效果（图 3.2），参考七年级阅读标准：将书面的故事、戏剧或诗与其音频、录像、舞台剧或多媒体版本进行比较，分析每一个媒介独特的技术影响（如灯光、声音、色彩或照相机焦点和电影角度）（RL.7.7；NGA Center，2010）。这个标准要求学生熟悉上述的文学形式，能够接触和理解不同版本的技术与媒体。思维水平的动词有比较、对比和分析，它们都需要学生进行批判性思考。在这种情况下，

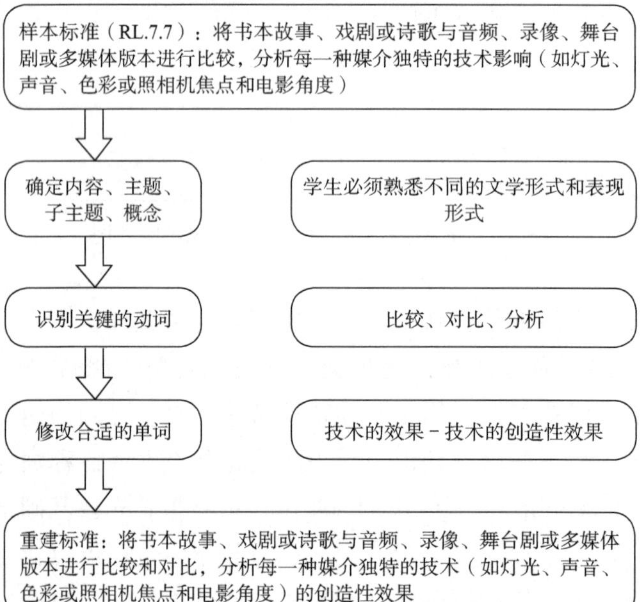

图 3.2　重构 CCSS：添加限定词

最好修改一个限定词而不是一个动词。在“效果”之前添加“创造性”一词会略微修改标准，要求学生比较和评估每种媒体所特有的技术的“创造性”效果。这意味着学生们需要比较与对比创造性的元素和在每个媒体中使用什么程度的言行进行创造性地表达：创造力的使用会增强或减损信息吗？所要求的内容知识保持不变，但学生需要在获取和探索这些知识的过程中发挥他们的创造力。

我们在标准中替换动词或添加限定词以增强关于内容的创造性思维。例如，三年级的数学标准是让学生能够“识别算术模式……并解释它们的运算性质”（3.0A；NGA Center，2010b）。这个标准要求学生了解算术模式和运算性质。标准中的动词是识别和解释。如果我们将“识别”替换为“创作”，并将应用题添加到内容中，会发生什么情况？重建、增强的标准现在读起来是，“创建一个应用题，当解决问题时利用算术模式并解释它们的运算性质”。学生为了使用算术模式创建应用题，他们需要在更深层面上理解这些模式，而不仅仅是识别和解释。

当我们改变标准以融入更多的创造性思维时，我们可能不得不进行差异化教学，以确保所有学生都能获得同样的创造性机会。正如第 2 章所讨论的，学生在使用创造性思维遇到困难时，教师可以扶持、指导，或以其他方式支持他们的学习。例如，如果重新构建的三年级数学标准在应用时出现困难，教师可以告诉学生在应用题中使用哪种数学模式。学生仍将使用创造性思维来创建一个应用题，应用算术模式，并使用运算性质来解释它。

3.2 基于标准的活动，以创造性思维技能为目标

在基于标准的环境中整合创造性思维的另一种方法是，根据标准要求上一节典型课程，然后对其进行修改，以达到特定的创造性思维技能要求。表 3.1 中展示了如何以四种不同的方式处理一个标准，每一种都针对四种思维技能中的一种。该表展示了不同年级的数学和读写标准的例子，以及为帮助学生达到该标准而开发的创造性思维课程。所

有这些课程都要求学生理解内容的意义——通过个性化的联想主题（如雾），用自己的语言表达诗人的信息，从不同的角度考虑人物的处境，或者发展新的方式来表达或考虑信息。这些课程要求学生将思维拓展到记忆和死记硬背之外。学生仍然需要出示或引用证据，但这些活动也包含了选择项，这是对学生的激励且会培养他们的创造力（Deci，1995；Sprenger，2010）。表 3.1 中的大部分课程集中在创造力路径 1 上，因为它们的目标是动词或短语，而不是教学策略（创造力路径 2）、过程和规程（创造力路径 3）或产品（创造力路径 4）。

表 3.1　基于标准的活动，以创造性技能领域为目标

CCSS 关键思想和细节	目标：流畅性	目标：灵活性	目标：原创性	目标：详尽性
三年级：提问并回答问题，以阐述对课文的理解，明确地将课文作为回答的基础（RL.3.1） 文本：《又丑又高的萨拉》（MacLachlan，1985）	学生小组进行头脑风暴，列出萨拉一生中为做好母亲准备的所有情况，他们可以参考文本并创建一个图像以支持他们的想法	学生小组讨论并列举如果萨拉是一个刻薄的母亲，故事将会有什么不同。通过对文本的引用，讨论故事情节将发生哪些更改，以及这些更改将如何影响整个故事线	学生小组开发了一个恰当的、独特的方式寻找妻子，而不是广告。文中故事情节会发生变化，请讨论这些变化将如何影响整个故事线	萨拉之前从来没有结过婚，没有自己的孩子；在小组中，学生们讨论为什么接受别人的孩子是对她的挑战，并创作书面结果来阐述他们的想法。他们提供了参考的课文以支持他们的想法
五年级：在解释课文中明确表达的内容和从课文中推断出的内容时，要准确地引用课文（RL.5.1） 文本：《雾》（Sandburg，1916）	学生们集体讨论雾使他们想起的所有事情。他们创建书面列表，并用图像式思考辅助工具将他们的想法与 Sandburg 有关雾的想法进行比较和对比	学生们用一首诗所能描述的适当的东西代替雾。他们重写了这首诗，做了替换	学生们用狗而不是猫来创造一个原创的故事、诗歌或其他东西来象征雾。作为一种预写工具，学生们使用一个图像式思考辅助工具来比较和对比他们的想法与 Sandburg 关于雾的想法	学生在 Sandburg 对雾的描述的基础上，用精心设计的语言在诗中加入另一小节
五年级：利用进位制理解将小数四舍五入到任意位置（5.NBT）	学生们编写一个用到四舍五入小数的应用题。他们从应用题列表中选择创造一个简单、中等、有挑战性的故事给他们的同学	学生将使用分数的应用题与用到四舍五入小数的应用题结合起来，从而产生新的应用题。他们给同学提出简单、中等和具有挑战性的问题	学生发明一种数学游戏，要求玩家四舍五入。在简单、中等和具有挑战性的层次上创作问题	给学生四舍五入小数的应用题。他们可以添加无用和有用的信息。其他学生判断哪些附加信息是转移注意力的

续表

CCSS 关键思想和细节	目标：流畅性	目标：灵活性	目标：原创性	目标：详尽性
高中阶段：创建描述数字或关系的方程——用两个或多个变量创建方程来表示数量之间的关系；以方程作图，坐标轴上带有标签和刻度（HSA-CED.A.2）	不知道如何用含有两个或多个变量的方程作图，学生们可以列一个结果列表。他们制作了一个 2 分钟的视频来解释为什么我们需要知道两个或两个以上变量的数量关系以及如何画出它们	关于用二维图形代替三维图形处理两个或多个变量的方程，学生们列了一个结果列表。学生们制作了一个 2 分钟的视频来解释如果这种替换发生了会发生什么	学生建立一种独特的方法来展示如何使用二维图形来表示两个或多个变量的方程。学生们制作了一个 2 分钟的视频，包含了这种解释，并解释了为什么我们需要知道两个或两个以上变量的数量关系，以及如何画出它们	学生增强一个二维图形，用来表示两个或多个变量的方程。学生们制作了一个2分钟的视频，展示了增强型图形为什么最有效
高中阶段：引用有力而全面的文本证据来支持对文本所明确表达内容及从文本中得出的推论的分析，包括确定文本的不确定性（RL.12.1） 文本：济慈（Keats）的《希腊古瓮颂》——“美就是真，真就是美，这就是你们在地球上所知道的一切，也是你们需要知道的一切”	学生们列出了他们想要问济慈的一系列问题。他们引用课文中的例子来支持他们的观点	学生进行改写，用特定的词替换，使其对他们更有意义。他们引用文本证据来支持他们的解释	学生们创建一个带有引用和图片的对象来讲述一个故事。他们创建了一个引用文本证据的列表来支持他们的创作，并指出他们的对象在文本中反映不确定问题的区域	学生根据不同的观点阐述不同的意思。他们引用文字证据来支持他们的观点

资料来源：National Governors Association Center for Best Practices and Council of Chief State School Officers，2010a，2010b。

将表 3.1 中的创造性思维活动与相同标准的“典型”活动进行比较。

1）对于三年级的读写能力标准，典型的方法是讨论（回答老师和学生提出的问题）书中的重要观点，并对其进行总结。

2）对于五年级的读写能力标准，学生通常从诗中选择一行，然后根据诗人的意图写一篇回应。

3）对于五年级的数学标准，学生要完成一份要求他们使用四舍五入小数的工作表。

4）对于高中的数学标准，学生们会在讲义上画出方程，然后用两个或两个以上的变量创建方程，并画出来。

5）对于高中的读写能力标准，学生通常会分析一首诗，尤其是推断诗所表达的信息，学生会直观地总结这些信息。

在这一章的结尾，两个“抓取并执行”的想法不同于第2章，因为它们的目的是帮助教师锻炼自己的创造性思维。第一个方法是比较不同年级水平和标准的典型与创造性课程，教师识别课程的创造性内容。第二个方法是一个工具，它为计划、自我评估和反思提供了机会。

反思和扩展章节信息

1）创造性思维课似乎比典型的课更难。这些课程对学习困难的学生或英语学习者来说现实吗？为什么是或为什么不是呢？

2）老师们担心如何让学生为标准化或以绩效表现为基础的考试做好准备。如果标准强调批判性思维，那么使用创造性思维活动和课程是否浪费时间？为什么是或为什么不是呢？

3）改进课程需要时间。花在重新设计活动和课程上的时间值得吗?为什么值得或为什么不值得呢?

4）教师们对重建标准感到不安，因为学生们正在接受原始标准的测试。老师们如何才能确信这样做是正确的呢？

5）重建一个标准主要集中在创造力路径1。当教师离开标准时，他们通常使用创造性策略和产品（创造力路径2、路径3和路径4）来处理标准中的内容。教师们如何知道什么时候重建标准，什么时候不用去管标准?

1.“抓取并执行”策略#13：典型活动与创造性活动之对比

表3.2旨在辅助将三个不同年级水平的标准、典型和创造性的活动之间的关系可视化。练习的目的是识别一个创造性的元素是否就是课程的目的。课程的重点是不是关于创造性思维过程和（或）创造性思维产

品？第一个示例已经完整地为你呈现。

表 3.2 比较典型课程和创造性思维技能课程

<table>
<tr><th colspan="2">CCSS 的关键思想和细节</th><th colspan="2">典型课程</th><th colspan="2">以创造性思维为目标的课程</th></tr>
<tr><td colspan="2">引用最有力的文本证据，支持对文本明确表达的分析，以及从文本中得出的推论（RL.8.1）</td><td colspan="2">学生分析 Sandburg 的诗歌《芝加哥》（1916 年）中所传达的思想，并选择几行原文来支持他们的分析；产品——书面分析</td><td colspan="2">学生们详尽地写一首关于他们家乡的原创诗，结合从诗中的推论，他们必须保持与 Sandburg 在《芝加哥》中相同的语气；产品——诗</td></tr>
<tr><td>创造性思维过程？</td><td>创意产品？</td><td>创造性思维过程？</td><td>创意产品？</td><td>创造性思维过程？</td><td>创意产品？</td></tr>
<tr><td>否</td><td>否</td><td>否</td><td>否</td><td>是（详尽性）</td><td>是（原创诗）</td></tr>
<tr><td colspan="2">理解不同类别中的形状（如菱形、矩形等）的共性（如有四条边），共性可以定义更大的类别（如四边形）。将菱形、矩形和正方形作为四边形的例子，并画出不属于这些子类别的四边形的例子（3. G. A. 1）</td><td colspan="2">学生们画出菱形、长方形和正方形，然后把它们剪切粘贴到正确的类别中，他们画一个不是已列出的三种四边形的四边形，并把它放在未知的类别中；产品——图像式思考辅助工具</td><td colspan="2">学生们画出四边形，然后将四边形剪下来贴在纸上，形成一幅图画，他们可以添加其他形状来创建图片，他们必须使用至少四种不同类型的四边形，并且必须标记形状；产品——照片</td></tr>
<tr><td>创造性思维过程？</td><td>创意产品？</td><td>创造性思维过程？</td><td>创意产品？</td><td>创造性思维过程？</td><td>创意产品？</td></tr>
<tr><td></td><td></td><td></td><td></td><td></td><td></td></tr>
<tr><td colspan="2">通过为支付值分配概率并找到期望值来衡量决策的可能结果（HSS-MD.B.5）；利用概率做出公平的决定（如抽签，使用随机数生成器）（HSS-MD.B.6）</td><td colspan="2">学生们被告知，假设他们的高中为了提高数学成绩决定尝试同性数学班级，学生们研究了美国同性数学班级的数量，并确定这些班级是否更成功；他们对数据作一个散点图，描述模式、离群值、正关联和负关联，他们分析数据并报告结果，用概率来论证这些数据要么支持要么反驳学校的决定；产品——书面报告</td><td colspan="2">学生在感兴趣的领域建立一个假设，用最佳拟合的散点图和线来检验他们的假设，用概率撰写一份报告来评估假设的结果，他们必须从散点图和方程式中找到证据来支持他们的想法；产品——书面报告</td></tr>
<tr><td>创造性思维过程？</td><td>创意产品？</td><td>创造性思维过程？</td><td>创意产品？</td><td>创造性思维过程？</td><td>创意产品？</td></tr>
<tr><td></td><td></td><td></td><td></td><td></td><td></td></tr>
<tr><td colspan="3">我最典型的活动之一</td><td colspan="3">我怎样才能改变这个活动来培养创造性思维？</td></tr>
<tr><td colspan="3">我最典型的活动之一</td><td colspan="3">我怎样才能改变这个活动来培养创造性产品？</td></tr>
<tr><td colspan="3">我最典型的活动之一</td><td colspan="3">我怎样才能改变这个活动来同时培养创造性思维和产品？</td></tr>
</table>

资料来源：National Governors Association Center for Best Practices and Council of Chief State School Officers，2010a，2010b。

看看你能不能找出其他两个活动的创意元素。现在，添加一些你自己的典型活动，看看你是否能主动地让它们更有创意。列出你打算和学生一起做的三件事：①改变一项活动来培养创造性思维；②改变一项活动来培养一个创造性结果；③改变一项活动来同时培养创造性思维和创造性结果。

2. “抓取并执行”策略 #14：规划创造力

表 3.3 是一个工具，旨在帮助教师了解学生是否在一个单元中使用了各种思维技能，单元中有哪些创造性的产品，他们访问了多少次相同的创造力路径，以及创造性课程是否贯穿于整个单元中。

表 3.3 创意策划

标准［如在解释文本明确表达的内容和从文本中推断的时候准确引用文本（CCSS RL.5.1）］	课程或活动［如学生在 Carl Sandburg 对雾的描述(《雾》，1916 年）的基础上，在诗中加入另一节，使用精心设计的语言］
创造性思维技能强调（如详尽性）	创造性产品强调（如无）
创造力路径强调［如创造力路径 1（思考动词和短语）］	这是什么时候发生的？（如后续活动如何）
标准	课程或活动
创造性思维技能强调	创造性产品强调
创造力路径强调	这是什么时候发生的？
标准	课程或活动
创造性思维技能强调	创造性产品强调
创造力路径强调	这是什么时候发生的？

资料来源：National Governors Association Center for Best Practices and Council of Chief State School Officers，2010a，2010b。

为你的下一个学习单元制订一个创造性计划。在计划中，确定标准、课程或活动，强调创造性思维技能的类型（流畅性、灵活性、原创性或详尽性）、创造性产品、访问的路径（创造力路径 1、路径 2、路径 3 或路径 4），以及该活动或课程将在何时发生。表 3.3 包含了一个指导工作的示例。

第 4 章　创造力和想象力

释放想象的力量

和“创造力”一样，“想象力”这个词也有不同的定义。McKim（1980）把它想象成“你从中学到的或经历过的一切：它是你的每一个知觉和行为的中心”（第 88 页）。在 2008 年的一次录音演讲（在康奈尔大学）中，Ken Robinson 先生将想象力描述为让我们想起“我们所不能感知的事物”的过程。Milora（1987）探讨了想象作为情感和智力思维之间的联系的想法：我们想象的形象是由我们的感觉和我们的想法之间的联系创造的，并有助于发展更深的理解。R. Root-Bernstein 和 M. Root-Bernstein（2001）同意这一观点，认为“洞察力产生于想象中的各种情感和形象”（第 13 页）。

爵士音乐家 Josh Linker 观察到“创意行为是非线性的”（Sawyer，2013）。想象力是点燃创造力的火花（Liu and Noppe-Brandon，2009，2010）。我们要使我们以往的经验有意义，想象力是必要的。想象力为我们提供了理解信息的能力，使我们能够理解世界和人。在课堂上，想象力是学生能够探索思考想法的新方式。Noppe-Brandon、Deasy 和 Gitter 在 2011 年从不同的领域收集了关于想象力的常见线索。Holzer（2007，2009）的想象力学习能力清单在其他研究结果中得到了支持（Michelli et al.，2011）：“深入、表现、质疑、建立连接、识别模式、表现出同理心、模棱两可、创造意义、采取行动、反思 / 评估”（第 10 页）。

这些能力被整合到“想象力”所必需的四个条件中：挑战、知识、环境和动力。表 4.1 说明了如何在创造性课堂中建立这些条件(Noppe-Brandon et al.，2011)。

表 4.1 支持想象力思维的条件

条件	做法
挑战	向学生提问： 去思考是独立还是合作； 提出超出已知范围的想法； 解决实际问题； 特别注意包含的信息和问题
知识	向学生提问： 获得再生知识； 回忆事实信息； 获得生产知识； 通过建立联系和模式识别形成概念
环境	鼓励学生去冒险： 帮助他们减少对失败的恐惧； 向他们展示如何接受歧义； 有些时候只给反馈，不给分数； 模拟同理心
动机	通过以下方式培养内在动机： 鼓励意义的表达； 将想法转化为行动； 评估和反思

4.1 为富有想象力的思考创造必要的条件

挑战，尤其是现实世界的挑战，邀请学生运用他们的想象力来扩展对已知问题的思考，以解决实际问题。通过注意、拥抱和提问，学生们开始想象各种可能性。曾经，有人设想过这样一个世界，在这个世界里，我们可以看到电话另一端的人，或者听到电视上的人说话；曾经，有人想象出一台打印机打印出信息或制造出三维的东西；曾经，有人设想机器人做手术或佩戴电脑眼镜，让世界各地的医生都能协助手术。所有这些事情都是从接受挑战演变而来的——人们的想象变成了现实。创造性课堂的老师鼓励学生发挥想象力，让学生在智力上变得活泼。

例如，在一个关于环境科学的教学单元中，学生们被要求想象一个没有杀虫剂的食物生长的世界。在一个能源教学单元中，学生们想象一个没有汽油动力汽车的世界。在一个书本学习小组中，学生们想象一个角色如果发生了什么或者没有发生什么会有什么感觉。学生可以想象在所有内容领域解决问题的方法。

Tim Berra指出，“知识是我们的经验和信息的仓库，是想象的原材料”（Noppe-Brandon et al.，2011）。知识是受到记忆影响的：为了能够获取知识，学生必须记住信息。想象力有两种类型：生殖性的和生产性的。记忆受再生想象的影响，“功能磁共振成像技术拍摄的图像显示，记忆和想象将血液输送到大脑的相同部位”（Long，2010）。这表明，记忆力差的学生可能想象力也较差，这可能会影响他们在学校创造性思维课程上取得成功的能力。当开发包含创造性的课程时，要考虑是否需要为那些在记忆问题上挣扎的学生提供支持。

知识是创造性想象力的一个重要因素，它涉及概念的形成。学生根据自己的能力形成概念，通过建立联系和识别模式来处理知识。有生产力的想象力使学生能够创造出反映他们所知的产品。如果学生不能想象，他们就不能创造。例如，如果老师要求学生创建一个多媒体海报，而学生之前从未见过，学生无法想象需要什么。这就是为什么教师必须提供实例、模型和视觉材料来优化学生的理解。

培养想象力的环境也推动了现状的发展，环境为冒险提供了安全的场所，这意味着能够接受失败。为了让学生更容易承担风险，老师们谈到了尝试、犯错和失败的好处。教师要树立同理心的榜样，并营造接纳的环境。他们鼓励学生接受模棱两可的观点。这可以帮助学生在最终取得成功之前反思历史先例（比如，如果爱迪生从来不冒失败的风险或让失败阻止他，他可能就不会发明第一个商业上可行的电灯泡）。对学生来说，对低分的恐惧可能会阻止他们冒险。鼓励冒险行为的一个方法是只提供反馈，没有分数。学生们也可能害怕用他们的想象力去思考许多可能的答案。减少这种情况的一种方法是允许学生合作，而不是要求他们独立提出许多想法。

动力，“做某事的动力，因为它有趣、有挑战性和引人入胜……对于高水平的创造力是必不可少的”（Pink，2009，第 2 章）。Amabile、Conti、Coon、Lazenby 和 Herron 在 1996 年将任务动机定义为学生对任务的态度和对任务目的的理解。当学生们感到他们所做的事情有意义的时候，他们就会有动力，从而采取行动。做一些新的事情会激励一些学生，团队工作会激励另外一些。一些学生在他们喜欢或擅长的学科领域工作有动力；另一些学生则因成绩优异而获得激励。所有的学生都有动力，只要他们重视他们正在做的事情和他们相信他们能够成功，意识到想法可以从想象转化为生产力。

Bridgeland、Dilulio 和 Burke Morrison 2006 年对 450 多名高中辍学者的采访显示，他们对课程不感兴趣和缺乏动力是导致这些学生离开学校的原因之一。71% 的辍学学生希望教师们能让学校变得更有趣。Deci（1995）提出了一种自主支持理论，建议教师应走这条道路，这样学生才会有上进心。要做到这一点，学生需要了解是什么激励了他们，教师需要建立一个包含学生激励因素的教室环境。例如，老师可以让受音乐激励的学生在工作时戴着耳机听音乐，学生们意识到音乐是激励性的，可以利用这些来自我调节他们的学习。

另一件激励学生的事情是让他们看到他们努力的结果。正如第 1 章所讨论的，拥有固定心态的学生（Dweck，2006）觉得自己不聪明，无论他们多么努力，也永远不会聪明——或者相反，他们会觉得自己很聪明，不需要付出太多努力。不过，拥有成长心态的学生知道，努力会有回报的，他们知道坚持是有价值的，这种努力会帮助他们克服障碍，他们从批评中学习，而不是退缩。他们的成就是他们自主和有效努力的结果。当学生意识到他们可以通过努力来改变他们的大脑，改变他们的智商，改变他们在学校的表现时，这对他们来说是授权和激励。

在创造性课堂上激励学生应做到以下几点。

1）为学生提供合适的挑战；

2）确保学生掌握适当的工具和学习技巧，如记笔记、记忆技巧、理解和解决问题的策略；

3）鼓励努力；

4）亲自与学生联系；

5）给学生或让学生找出他们想学习的理由；

6）为学生提供他们的进步的反馈和数据；

7）让学生按照自己的步伐前进。

4.2 运用策略和技术来获取想象力

尽管教师有时认为想象力意味着产生与内容无关的想法，但获得想象力是为了加深学生对复杂概念的理解。想象力是“一种有趣的类比思维形式，它利用了以往的经验，但又以不同寻常的方式结合起来，产生了新的意义模式”（Sternberg，1999）。

Pearson（2012）曾就他的作品进行过广泛的口头和书面阐述，他给初露头角的作家的建议之一是“展示，但不解释”，这为那些希望在课堂上创造性地利用学生想象力的教师提供了指导。当老师向学生提供事实时，他们是在讲道理。例如，老师告诉学生海水会引起风化和侵蚀，海浪也会造成侵蚀。另一位教师在同一单元中向学生展示了一段关于风化和侵蚀的视频，并请他们得出结论；然后由学生进行研究，以确定他们的结论是否正确。还有一位老师要求学生想象暴风雨中海浪拍打海滩的情景。涨潮时，海水越过海堤，开始淹没街道，这是一场接一场的暴风雨。老师让学生们想象这种情况对海滩和海堤那边的海滨房产的长期影响。学生们得出结论并研究他们的结论，看看他们的结论是否正确。第一位老师只告诉学生有关内容，第二位老师向他们展示了内容的含义，第三位老师则向他们展示了如何利用他们的想象力来建立起联系。

许多教师在教授学生故事的开头、中间和结尾时，使用了 Pearson（2010）的三幕结构的一个版本。通过向学生展示如何将信息分成有意义的类别，这个结构也可以用来帮助他们获得想象力。例如，一个老师可能会说，“想象一下故事的开头、中间和结尾的主角。想象一下，在故事的每个特定点上，你可能会问她什么问题”。在其他内容领域，这三幕可以是介绍、发展和解决，而不是开始、中间和结束。科学或社会科学学生可以设想解决污染的办法，他们可以设想如何制定解决办法，以及如何解决这个问题。这种“三段式思维”为学生提供了一种结构，使他们能够释放自己的想象力。

Seelig（2012）描述了三种增加想象力的方法。第一种方法是注意一个问题是如何构成的，这个构成框架可以指导对反应的想象。例如，在一个海洋教学单元，学生们学习到，当海鞘附着在某样东西上时，它不会移动，它就会吃掉自己的大脑。为了回应老师让学生们用课堂内容来创造一个笑话的挑战，一名学生想出了这样一个问题：“为什么海鞘会吃掉自己的大脑？我听说它想变得更聪明。”这可能不是世界上最有趣的笑话，但它确实显示了学生对内容的理解水平。

Seelig 的第二个方法是将富有想象力的想法联系起来并加以结合。想法可能完全是异想天开的，现实的或者不现实的，实用的或者不实用的。例如，学生学习紫外线对皮肤的影响。由于这些有害的影响，我们现在有了防紫外线的衣服、防晒霜和带有遮阳伞的椅子。学生们想象我们还能结合什么来保护人们免受光线的伤害，并集思广益地想出一系列的点子。

Seelig 还提出，激发想象力的一个方法是挑战假设。在课堂上，最好是通过问题场景来完成，在这个场景中，给学生一个情境，并探究场景本身和解决方案中隐含的假设。在海洋研究单元的例子中，老师给学生一个未来的场景：“2030 年，科学家们发现许多海鸥离开了海洋环境，搬到了淡水湖泊和池塘附近生活。”学生被要求想象一下这个场景，确定这个问题发生的原因，并列出可能的影响情况。

正如前面几章所讨论的，让学生的创造性思维变得透明是很重要的。在运用想象力时，要明确描述你要求学生理解的过程。通常当我们问学生从哪里得到他们的想法时，我们得到的是茫然的眼神。当你在课堂上更加注重想象力和创造力时，让学生们开始注意他们的想法来自哪里——只要让他们意识到他们的想法，这就是实践想象力和创造力的一种方式。随着创造力的概念逐渐渗透到学生的意识中，他们将会把创造力理解为一个元认知的过程。

4.3 用基于标准的活动瞄准想象力

除了新的策略和课堂活动（如“抓取并执行”策略）之外，寻求在课堂上增加想象力的老师们也希望调整他们已经在使用的课程。表 3.1 提供了一些关于如何将标准联系起来以关注不同的创造力技能领域的例子。表 4.2 采用了同样的标准，并说明了如何调整课程以关注想象力，以及流畅性、灵活性、原创性或详尽性。每节课的目标都是让学生在处理特定内容区域标准时运用他们的想象力。

表 4.2　以创造性的和基于标准的活动为目标的想象力

CCSS 的关键思想和细节	流畅性	灵活性	原创性	详尽性
三年级：提问并回答问题，以展示对课文的理解，明确地将课文作为回答的基础 文本：《又丑又高的萨拉》（MacLachlan，1985）	小组学生想象卡莱布对他生母的看法。他们绘制了一张图表，列出了积极和消极的假设。然后，学生将卡莱布变成一个卡通或漫画人物，并创建一系列框架，其中包括总结卡莱布的假设的思想泡泡，还提供文本参考	小组学生想象着萨拉妈妈是什么样的人。他们在书中列出支持他们思考的信息，并用他们的想象力列出缺失的信息。他们提供了故事情节发生变化处的文本参考，并讨论这将如何影响整个故事的主线	学生们单独列出或创建一张图表，总结他们对卡莱布的想法、猜想和想象。学生们试图想出别人想不到的点子	学生使用“使用你的感官”网格来详细说明人物萨拉。想象如何用这些词创作一个关于萨拉的段落，写出这一段
五年级：在解释课文中明确表达的内容和从课文中推断出的内容时，要准确地引用课文 文本：《雾》（Sandburg，1916）	学生们想象和列举出除了猫的脚步以外的其他描述雾气移动的情况。学生们从列表中选择自己喜欢的想法，创作一首新的诗，将这首诗中描述的动作与猫以外的东西联系起来，同时从文章中得出相同推论	学生们想象着在大雾中坐在船上会是什么样子。学生将船的大小最大化或最小化，并根据船的大小对诗进行修改	学生们想象什么东西像雾一样移动，目标是发展出一个新颖的想法。他们写的陈述代表他们的动物/事物而不透露它是什么。班上的其他学生试图猜出动物/事物是什么。学生必须引用文章中的例子来支持他们的猜测	学生们想象着雾是什么样子。他们继续这首诗，以第一人称创造了一个视觉的旅程，关于下一步雾移动的地方。他们创建的视觉材料必须包括大量的细节和图像

续表

CCSS 的关键思想和细节	流畅性	灵活性	原创性	详尽性
五年级：使用位置值，到小数点后的任何地方	学生可以想象一张桌面上的棋盘游戏，里面的问题都需要四舍五入。学生列出许多小数点，然后进行循环和创建游戏，并在他们的列表中加入与小数有关的问题	学生创建一个同意 / 不同意 / 想象图表，列出他们同意小数和位置值的重要的原因，不同意它们的重要的原因，并想象为什么其他人可能认为小数和位置值重要	学生小组想象，然后创建一个原始的寻宝游戏给他们的同学。他们创建数学线索卡，要求玩家循环小数，或者他们创造线索，找到四舍五入的小数	学生探索引导可视化的概念，并创建一个描述四舍五入小数的概念。学生需要在他们的引导中融入大量的细节
高中阶段：创建描述数字或关系的方程——用两个或多个变量创建方程来表示数量之间的关系；以方程作图，坐标轴上带有标签和刻度（HSA-CED.A.2）	学生们设想多种方法将三维 x 或 y 固定在三维图形上，并重新使用这些变量。学生创建三维物体。学生用一个等式和两个未知数创建许多卡片。学生从另一个学生那里选择一张卡片，并将三维变量放置在三维图形上	学生根据自己的选择进行研究。他们用两个或更多的变量创建方程来表示他们的数据。他们在没有告诉其他学生他们的研究是关于什么的情况下，用自己选择的方式绘制出一个演示文稿。其他人必须运用他们的想象力，灵活地思考问题	学生小组想象他们将如何表现数学等式和关于方程式的作图；学生使用他们的身体来表示变量和轴。小组表演一个原创短剧，演示两个量之间的关系，并将它们图形化	学生想象，然后创建一个多媒体海报，显示如何创建两个或多个变量的方程式，并将它们画出来。学生们通过引用、思想泡泡和 / 或音乐来增强海报的效果
高中阶段：引用有力而全面的文本证据，以支持对文本的明确表述及从文本中得出的推论的分析，包括确定文本在哪些方面使问题变得不确定（RL.12.1） 文本：济慈的《希腊古瓮颂》——“美就是真，真就是美，这就是你们在地球上所知道的一切，也是你们需要知道的一切”	学生们想象着瓮还能是什么样子的，把它变成许多有故事的不同物体。学生们考虑如何在希腊瓮的新颂歌中完成转换	学生们用他们的想象力去思考许多可能导致济慈写这首诗的因素，列出他们想到的因素，并一一检查思维的灵活性。他们进行研究，看看是否能找到证据证明他们的假设是准确的	学生们在颂歌中创造出一个有意义的虚拟人物，想象他的存在如何影响颂歌。他们改写了这首诗以反映新的事件，保留了原诗的结构和风格	学生们想象着瓮中的信息（美就是真，真就是美）。学生们通过创建一个单词云来阐述这个信息。学生在课堂上展示他们的“云”，并选择展示的类型（海报、PowerPoint、多媒体、音效等）来突出他们的构思

资料来源：National Governors Association Center for Best Practices and Council of Chief State School Officers，2010a，2010b。

当您查看表 4.2 中的活动时，请考虑这四种类型的创造力技能活动之间的细微差别。然后，考虑每个学生需要什么才能成功地完成这些活动。因为不同的学生在不同的时间需要不同层次的支持，所以老师要区分想象力和创造力的课程。有时，当我们与学生一起拓展他们的创造性思维技能和锻炼他们的创造力时，我们需要提供对我们使用的术语的基本理解。例如，如果我们想让三年级的学生能够想象假设，他们需要知道假设这个词是什么意思。对于表 4.2 中三年级的流畅性课程来说，这可能意味着要求学生想象卡莱布（Caleb）会怎样去想象他的生母。然后，用 Pearson 的三幕结构来帮助学生将他们的想法分成三类：积极的、消极的和假设的。通过向学生提供一个示例响应，让他们开始学习，为如何识别每种情况下的假设建立模型。

同样，五年级的学生阅读 Carl Sandburg 的《雾》（1916 年）也应该了解并理解这首诗及其意象。因为流畅性活动要求他们将"雾"的特征与许多其他事物联系起来，这也要求他们在发挥想象力之前要知道雾是什么。

对于住在雾很少的地区的学生来说，要抓住这首诗的精神内涵可能是非常困难的。给学生看视频，这样他们就能看到雾是如何运动的，这将帮助他们理解这个概念。同样的思想也适用于灵活性活动；有些学生从未坐过船，为增强想象力，必要时提供视觉和背景信息。

当调整课程使其更有想象力时，使用图片和文字来帮助那些在概念理解上有困难的学生，这可能是有帮助的。对于那些表达自己的想法有困难的学生来说，在写作中可以创建 PowerPoint 演示文稿、海报和视频来展示而不是讲述他们的理解。这是十二年级详尽性活动背后的想法，这个活动中学生们制作了一个单词云（www.wordle.net）。

教师通过将其描述为一个元认知过程来帮助学生重新找回他们的想象力。学生们总是在数学上运用他们的想象力。他们想象着从头脑中找到答案。他们用心算来计算他们脑子里的答案。他们用他们的想象力去想象许多形状、比例、尺寸、距离等。在五年级的数学例题中，学生们用灵活的思维来决定他们为什么同意或不同意小数和位置值。然后，他们用他们的想象力去思考为什么其他人会认为小数很重要。

教师在加入创意和想象力的过程中可能需要组织课程：让课堂头脑风暴产生许多想法，并讨论想法如何不同，再确定哪些是真正的原创想法（也许应该提醒学生，他们最喜欢的想法不一定是最有创意的）。在 20 个问题中，让学生列出动物或事物的 10 个属性，而不用说出它们的名字，并让其他学生猜（参见“抓取并执行”策略 #24），也可以帮助学生练习他们富有想象力的原创思维（表 4.2 所示为五年级示例）。

在与学生讨论细节时，必须强调，学生应该准备通过参考文本或概念来捍卫自己的想法，这一点非常重要。详尽性不仅要建立在想象的知识上，而且要建立在从原始材料呈现的信息中建立起来的想象的知识上。对于英语语言艺术，他们的想法必须在语境上有意义；在其他内容领域，他们的阐述需要符合内容信息的参数。

4.4 以创造性和想象力为目标设计课程

一节课的每个部分都是一样的，不管这节课的目的是什么。在理解想象力的课程中，教师使用的语言、模型、提供的例子，以及形成性和总结性的评估都涉及对内容的创造性思考。老师使用的单词帮助学生理解他们的想象力思维并将帮助他们理解内容的意义。教师通过让学生思考他们的想法来促进元认知，并清楚地识别出课程的创造性方面，使学生把注意力集中在这些过程上。

表 4.3 说明了如何设计一节课，目标是创造性思维和想象力。在这个五年级的教室里，学生们正在学习殖民时期的美国。在这个单元中，学生们了解了为什么人们来到美国？殖民地是如何建立的？殖民地生活是什么样子的？谁是那个时代的名人？以及著名事件的起因和影响。这节课的重点是历史变化对日常生活的影响。老师已经决定，让学生使用他们的想象力，结合事实，比较和对比 1700 年、今天与 2050 年影响日常生活的原因和影响效果，并将他们的想法写在一个书面的产品中——“回到未来”的信（见“抓取并执行”策略 # 21）。

表 4.3　设计一课：以创造力和想象力为目标

确定标准、内容、主题副主题、技能	CCSS 标准： RI.5.1–5.3； RI.5.7； W.5.1； W.5.3； W.5.4	主题： 美洲的演变； 生活变化； 美洲殖民地特点	副主题： 宗教； 经济； 民族； 气候	技能： 批判性思维（原因和效果）； 创造性思维（想象力和流畅性 + 创意）； 写信
核心问题	历史事件如何影响人类日常生活的变化?			
评价	格式：量规			
差异	阅读：阅读水平不同 写作：要求修改	兴趣度：没有区别	认知方式：没有区别	
“勾住”学生的兴趣	教师向学生展示本·富兰克林、伊莱·惠特尼、约瑟夫·普利斯特利和安德斯·摄氏的形象：让他们发挥想象力，认为这些人可能有什么共同点？ 学生提出个人的问题，讨论他们为何在 18 世纪 70 年代都有惊人的发现（富兰克林，双光眼镜、夏令时；惠特尼，轧棉机；等等）			
课程设置	教师评论 / 扩展内容：提醒学生他们使用的搜索了有关殖民地信息的互联网网站；学生们通过网络搜索总结出一系列信息	老师回顾了思维过程：老师提醒学生过去已学的知识，他们用自己的想象力帮助他们思考问题的缘由	教师点评产品形式：老师对未来的产品进行介绍。她提醒学生，想象的情景是建立在事实的基础上的，是真实想法的逻辑延伸。学生必须确保书写包含真实的和想象的内容，并以独特的方式书写	
活动	介绍：老师告诉学生们，他们将运用自己的想象力，结合事实，比较 18 世纪、2014 年和 21 世纪 50 年代影响日常生活的不同因素，并将他们的想法写在一封“回到未来”的信中，与大家分享	步骤：学生写出或画出他们最初的想法，并书写出来。老师指出：学生可以使用任何资料作为背景资料书写出来，有各种各样的读者资源可用；学生们可以互相帮助；作业侧重于原创思维，他们提出的想法及他们提出这些想法的方式将根据原创性来评估；老师对一些学生的写作要求进行调整。老师与学生讨论作业的题目，并为学生提供完成作业的时间表。学生完成题目，并与全班同学分享答案。老师通过填写表格来给每个学生反馈		
评价	学生们在起草阶段使用评价量规进行自我评估。老师用评价量规来评估最终的草稿，并给学生提供书面反馈以补充评价量规的得分			

在设计以创造性思维和想象力为目标的教学计划时，教师遵循了与图 3.1 相似的过程。首先确定标准——内容、主题、副主题和概念——以及想要提升的技能。老师也注意到单元中所提到的基本问题，将用来衡量学生掌握程度的评估类型，以及为满足学生需求而必须纳入的任何差异。接下来，老师决定将做什么“勾住”学生的兴趣。在第 1

章中，我讨论了如何通过激发学生探究的创造性问题、使用不寻常的图像、让学生将内容与无关的想法联系起来，以及创造性产品的开发，在课堂上促进创造力。在这个例子中，老师使用视觉（即名人的照片）作为吸引学生学习的工具：她让学生猜出这些人的共同之处。学生使用张贴在房间里的动词来产生问题。老师回答学生提出的问题。通过他们的提问，学生们了解到这些人在殖民时代的生活和发现，然后教师进入课程和活动的正式设置，复习内容、思维过程和产品。请注意，老师在作业中为学生们强调，她希望学生能运用他们的想象力和原创思维。

这节课的目的是让学生运用他们的想象力，并和事实相结合，比较与对比影响日常生活的原因和影响效果。为了帮助学生产生多种创意，老师给学生读了以下场景：想象你是一个时间旅行者，准备在 18 世纪 70 年代去美国旅行。在新英格兰中部和南部殖民地，你决定去你现在住的地方。你看到了什么？用你的想象力来描述它。当你穿越时空的时候，写一封信，描述你对这个地区的了解，你的时间，以及你对未来的设想。一定要让他们相信你来自不同的时代。

在呈现情景之后，学生们做一些关于他们想法的笔记。老师让他们选择，可以写一个列表，画一些图片，或完成一个图形组织。教师应区分开给哪个学生提供图形组织模板，哪个学生使用指示。对于作业，学生可以选择他们使用的资源和数量。他们可用的资源反映了不同的阅读水平。

作业的量规（表 4.4）为学生提供了对其产品的明确期望，也是一个自我评估工具。除了概述与内容有关的要求外，量规还具体说明了学生需要使用创造性思维（即原创性），以及他们的想象力来提出合理的、逻辑性的想法，这些想法可能会影响过去、现在和将来的情况。如上所述，作业中包含了受控的学生选择；他们可以用自己选择的写作风格来表达自己。标准目标清晰连贯，这也包括在作业中。因为作业是最终的草稿，学生需要避免语法和拼写错误。对于那些在写作中表达想法有困难的学生，书面产品要求可以有所区别，他们的量规会稍微修改一下。

表 4.4 以创造性和想象力为目标的课程样本

产品因素	不太好	好	很好	极好
殖民地时代： 日常生活； 政治参与； 宗教自由； 财富机会	少数事实； 很少或几乎没有的证据； 仅说明事实； 很少的细节	一些事实； 一些研究证据； 少有额外证据的事实； 想象中的细节	很多事实； 很多研究证据； 与某些因素相结合的事实细节； 一两个逻辑性的、具有想象力的想法； 至少一个独到的想法	许多事实； 广泛研究的证据； 事实与许多原创的、合乎逻辑的设想相结合，增强了场景； 许多细节为内容信息增添了情感和基调
当前： 日常生活； 政治参与； 宗教自由； 财富机会	少数事实； 很少或几乎没有的证据； 仅说明事实； 很少的细节	一些事实； 一些研究证据； 少有额外证据的事实； 想象中的细节	很多事实； 很多研究证据	许多事实； 广泛研究的证据； 事实与许多原创的、合乎逻辑的设想相结合，增强了场景； 许多细节为内容信息增添了情感和基调
未来： 日常生活； 政治参与； 宗教自由； 财富机会	少数事实； 很少或几乎没有的证据； 仅说明事实； 很少的细节	一些事实； 一些研究证据； 少有额外证据的事实； 想象中的细节	很多事实； 很多研究证据； 与某些因素相结合的事实细节； 一两个逻辑性的、具有想象力的想法； 至少一个独到的想法	许多事实； 广泛研究的证据； 事实与许多原创的、合乎逻辑的设想相结合，增强了场景； 许多细节为内容信息增添了情感和基调
比较和对照	很少、显而易见或不合逻辑的观点	提出了一些观点，但许多观点是显而易见的	提出了许多观点，其中一些是推论性的	提出许多原创观点
“回到未来”的信	语气或表达很混乱； 格式或写作风格令人困惑； 写作是不连贯的； 拼写和语法错误	格式或写作风格是基本的，在一个或两个地方容易混淆； 写作基本上是连贯的，没有拼写或语法错误	正确使用语气和表达方式； 原创的格式或写作风格的使用； 清晰、连贯的写作； 没有拼写或语法错误	原创的语气和表达方式； 原创的格式或写作风格的使用； 清晰、连贯的写作； 没有拼写或语法错误

教师根据需要与学生小组合作，并为学生和家长可以访问的作业开发了一个互动博客；如果学生在家庭作业中有问题，他们可以发布问题并得到帮助。

本课程要求学生既要有批判性思维，又要有创造性思维。接触创造性思维有助于学生更批判性地思考内容（Treffinger et al.，2013）。在这节课中，不断有创造性思维的线索贯穿始终：当他们听引导想象的时候，在比较和对比的时候，以及在他们选择产品形式的时候，运用他们的想象力。这是一个很明显的例子，说明了创造力是如何与批判性思维联系在一起的，而不仅仅是有趣的、无忧无虑的思维；对内容的创造性思考促进学生加深对内容的理解，并能促进长期学习。

4.5 鼓励富有想象力的思维

教师通过与学生分享自己的想象性思维来培养学生的想象力。例如，告诉学生一个没有像你想象那样结束的故事，或者一部电影跟你读这本书时的想象不一样。

教师也可以通过帮助学生理解想象力是如何让我们利用各种可能性和建立联系的，来鼓励学生的想象力。它使我们能够形成形象和概念，同时为体验提供意义。要激发学生的想象力，教师必须相信想象力在学生的思维中起的作用，相信学生可以将想象思维作为一个平台，在各种内容领域构建深层意义，并最终相信想象在教育中可以起到一定的作用。

本章结尾所包含的 17 个"抓取并执行"策略是教师可以用来帮助学生获得想象力的策略，以促进学习。与前几章一样，这些策略的目标是四个创造性领域：流畅性、灵活性、原创性和详尽性。这些策略主要来自于创造力路径 1 和路径 2。

许多策略是灵活的（即可以改变，以针对不同的创造性领域），有些策略可用于各种创造性领域的结合。在这种情况下，当向学生展示活动时，一定要具体说明你所寻求的思考或结果的类型。例如，当针对灵活性和原创性时，学生应该知道目标是让他们产生不同的想法——其中之一是"独一无二的"。

反思和扩展章节信息

1）辩护或反驳：想象力是创造性思维的关键。

2）教育背景下，为什么让学生明白想象力不只是小孩子的专利这一点非常重要？

3）你如何将富有想象力的思维融入你的内容？

4）人们常把想象思维和想象联系起来。你会对那些在观赏之后说什么也看不到的学生说什么呢？

5）为什么在内容领域和年级层面强调想象力思维很重要？

1. “抓取并执行”策略 #15：想象单词提示

就像第一个策略一样，当目标是流畅表达和想象力的时候，让学生列出许多备选方案，集中在一个特定的主题、想法或概念上。当瞄准灵活性时，使用表示差异的短语。这一策略是在创造力路径 1 上找到的。使用下列单词和术语也可以激发学生的想象力。

1）想象；

2）假设；

3）如果；

4）怎么会；

5）调整；

6）转变；

7）象征；

8）设想。

2. “抓取并执行”策略 #16：KWW 图表

Wonder 用在学生身上是一个很有用的词，也是一种很好的获取想象力的方式。使用 Wonder 这个词可以激发想象力，并要求学生对他们所知道和理解的东西进行扩展思考。“你想知道……”这个发人深思的问题适用于任何内容领域。

大多数教师熟悉 KWL 图表（Ogle，1986），它帮助学生组织他们所知道的，他们想知道的，以及后来他们学到的。典型的 KWL 图可以被改编来融入想象思维；学生可以列出他们知道什么，他们想知道什么，他们超级想知道什么（KWW 图表也可以作为一个可折叠的三维交互式图形组织者；Zike，2000）。教师可以将这三个问题作为预评估的一部分，也可以通过要求学生回答作为形成性评估的“奇迹”问题，或者作为总结性评估的一部分，看看学生们在单元的末尾还想知道些什么。KWW 图表通过鼓励学生在每栏中填写一个以上的答复，可以同时针对内容信息和流畅程度使用。当一个学生只填写一个回答时，他并没有进行太多的思考，只是回答了他想到的第一件事。

KWW 图表还可以进行进一步调整，在课程或单元结束时使用，作为学生记录内容信息使他们思考、琢磨和想象（TWI）的工具。这是一个在创造力路径 2 中发现的策略。这些类型的问题要求学生使用信息和超出已知的想象。

3.“抓取并执行”策略 #17：加、减和假设

这一策略也是在创造力路径 2 中发现的，旨在帮助学生识别和评估假设；它支持学生应用内容信息，同时也使用创造性思维技能阐述文本中的信息。对于这项活动，学生们思考许多关于内容的正面和负面的想法，然后产生一系列可能的假设。

例如，在关于殖民地时期的美国的五年级教学单元中，学生们正在学习波士顿大屠杀。学生们学习那些用来激怒殖民地居民反对英国的宣传（如保罗·列维尔雕刻）。在阅读了不同网站的信息后，学生们会思考某个特定观点所反映出的“加、减和假设”。他们设想的假设必须是合乎逻辑的，可能是由任何派系（殖民地居民或英国人）做出的假设；学生必须能够提供证据来支持他们的想法，并表达出他们的想法。

4.“抓取并执行”策略 #18：信息 / 缺失的信息

这一创造力路径 2 策略提醒学生去质疑信息，而不是假设信息是完整的。在数学课上，当学生们被要求解答一个因为信息不足而无法解答的数学问题时，他们已经这样做了。通过让学生想象并列出许多可能缺失的信息，以及不同的信息可能缺失的原因，信息 / 缺失信息让这个策略更进了一步。

例如，在读写能力方面，老师要求学生列出我们所知道的和不知道的关于故事中人物或情况的内容并进行辩护。关于这个故事的作者，我

们知道什么，不知道什么，为什么？在科学课上，在一个七年级的遗传学单元中，学生们列出他们知道的和不知道的关于遗传多样性的内容并进行辩护。在高中课堂上，学生们正在研究全球和地区间的相互依存关系。在阅读了教科书中的一章之后，教师请学生列出关于联合国秘书长在面临人道主义危机时的作用的信息，并设想和列出教科书未述及的信息或问题，以及作者选择不讨论这些问题的可能原因。

5. "抓取并执行"策略 #19：转换

转换是一种视觉策略，要求学生将图像或想法转换成其他东西。它经常被用来增强学生对内容信息的记忆和辅助回忆。

例如，一位小学老师发现她的早期学习者经常混淆菱形和梯形。她给了一半的学生一个菱形，另一半的学生一个梯形，让他们想象这个形状。学生们通过添加线条、圆圈等来改变自己的形状。重复几次之后，大多数学生将记住他们形状的名字。学生们与持有另一种形状的学生合作，分享他们的做法。

这个策略可以用于讨论角色、探险家、数学家或科学家；学生们被要求在八种不同的情况下画出或想象出这个人。教师还可以引导学生将代表一个概念的符号（如雨林、生态、美国宪法）转换成其他的东西。学生甚至可以选择一个开创性的年份，如 1776 年，把数字转换成各种各样的图像。这节课的重点不是实际发生的变化，而是学生们使用这种策略将内容信息转化为长期记忆。因此，创意的重点不在创造力路径 4（产品），而在创造力路径 2（过程）上。

6. "抓取并执行"策略 #20：线索、语境和视角

解释是一种强大的策略，可用于各种内容领域。这种策略促进了学生灵活思考的实践，并向他们展示了线索、语境和视角是如何影响解读的。解释还基于由时间、地点和情况组成的上下文。无论视觉提示和视角如何变化，上下文都可以保持不变。这个策略本身使用了一个视觉提示来引导学生去理解，并在创造力路径 2 中找到了。

例如，在一所高中的社会研究教学单元中，老师给学生们展示了一幅 20 世纪 40 年代童工的照片，让他们想象一下童工的生活是怎样的。学生们根据他们所看到的和对当时情况的了解来列出他们的想法。老师把图片换成成人，让学生做同样的事情。一些学生可能认为图片中是孩子的父母，而另一些学生认为图片中是工厂的老板。讨论各种不同的解释，这为讨论 40 年代的生活打开了大门。要求学生从他们的内容知识中提供信息来支持他们的解释有助于巩固他们的理解。

7.“抓取并执行”策略 #21：“回到未来”信件

这种策略强调创造力路径 2 和创造力路径 4，通过让学生想象不同的场景来促进灵活的思维。为了这个练习，学生们假装他们可以进行时间旅行。首先，他们找到了一封过去写的信，这封信可以是老师写的，也可以是课堂讨论的结果。然后，学生们写了关于过去、现在和未来的个人回答。

例如，在对工业革命的研究中，一个班的学生发现了一封信，信中描述了为什么人们从农场迁移到城市的工厂生活。学生们回了一封信，讲述了工业革命期间的情况、他们目前的时间，以及他们预计的 25 年后的移民情况。在希腊神话单元中，学生们“收到”忒修斯的一封信，信中描述了英雄行为如何影响他人。学生们想象出这封信的内容，然后发表评论，讨论英雄行为对他们所处时代的影响，以及未来英雄行为可能产生的影响。

8.“抓取并执行”策略 #22：三个愿望

“三个愿望”鼓励学生对所学内容进行灵活的想象和思考。这一创造力路径 2 的策略要求学生围绕一个主题产生多种不同的想法。

例如，在小学阶段，老师告诉学生，他们是神奇的，有能力实现愿望。他们遇到了班上正在读的故事中的一个人物。当被要求想象这个角色可能会要求什么时，他们列出了许多不同的愿望，这些愿望在故事的语境中是有意义的。

另一个例子来自物理课。在课堂上讨论了接受一个新理论的主要障碍后，老师让学生想象他们已经创造了一个新理论，并得到了三个愿望。他们的愿望是什么？为什么？同样，这些愿望必须在单元内容的范围内有意义，学生需要提供他们想法背后的理由。

9.“抓取并执行”策略 #23：声音的变化

这种策略可以帮助学生灵活地思考内容，提高他们有效沟通的能力，帮助他们掌握所学的某些事实或过程。它也将学生的注意力引向他们所听到的东西上（类似于在“抓取并执行”策略 #4 中使用的声音效果）。使用策略的方式因内容而异。学生们用他们的想象力来决定他们的声音变化对听众的影响。

例如，在一个有说服力的写作单元，学生与其他人分享他们的写作，并使用语音变化来戏剧化对话以代表不同的观点。老师可能会要求学生在阅读一个主要观点时，在他们阅读一个辅助细节时，或者在他们改变主题时，改变他们的语调、音高或音量。在这种情况下，学生灵活地使用自己的声音，以方便听众对内容的理解。

这种策略支持学生掌握内容知识。例如，如果学生在划分分数之前很难记住要倒转分式，那么在大声思考如何解决数学问题时，就可以使用这个策略。当描述这个过程时，学生在讨论第二个分数的倒数时比在其他解释过程中说得更大声。这确保了其他学生特别注意这部分的解释。通过让其他学生准确地找出语音变化所强调的概念、过程或思想，可以进一步调整策略。创造力路径 2 和创造力路径 4 都被应用于这个策略中。

10.“抓取并执行”策略 #24：10 个声明

与第 20 个策略类似，这一创造力路径 2 策略旨在培养学生的原创思维。学生们选择一张图片或引用，把它放在卡片的一边或 PowerPoint 文件中，并与全班同学分享。在卡片的背面或第二张幻灯片上，学生创造了一个原始的真实陈述，他们认为没有人能猜到。这种策略促使学生提取和使用他们认为没有人会想到的信息，然而必须是重要的和相关的内容。

这种策略实际上是鼓励学生超越明显的内容信息去思考，并运用他们的想象力去预测他们的同学会说什么。在测试前或单元结束时进行小组复习也是有效的。

11. “抓取并执行”策略 #25：广告预告片

就像电影预告片一样，广告预告片通过吸引学习者的兴趣，为他们提供了平台。广告预告片的策略要求学生创造性地总结内容信息、想象，然后设计一个原创的预告片，并与观众进行沟通。这个策略是创造力路径 2 和创造力路径 4 的一个很好的例子。这项活动还要求学生使用强大的动词和图像，以抓住其他学生的注意力。他们可能以“我想知道……”或“你有没有考虑过……”这样的表述开头。他们可以先进行一个大胆的陈述，如“关系并不总是看起来那样”。广告片的结尾应该包括一本书、一篇网络文章或其他印刷材料，以获取更多的信息，这也保证了学生使用可靠的信息来源。学生们可以用多媒体或者“老式”的预告片来制作他们的预告片，如用钢笔或铅笔。视觉的融入增加了另一个层面，既加强了创造性思维和想象能力，也提高了对内容的掌握能力。

12. “抓取并执行”策略 #26：阿凡达

阿凡达是一个生活在虚拟世界中的电脑生成的角色。无论学生是否使用电脑，这个策略都可以通过学生的想象力和情感来鼓励创造力思维。这个活动要求学生把自己塑造成一个角色，把自己放在内容中。他们实际上并不访问计算机上的虚拟世界，只是去想象它。因此，这是一条创造力路径 2 战略。他们应该描述他们在这个新世界中所看到的、听到的和感受到的一切。

例如，在一个基础数学单元，老师要求学生为自己创造一个化身，进入多边形世界。在这个世界里，他们会遇到六种或更多不同类型的多边形。他们看到了什么？他们感觉如何？有冲突吗？有什么多边形问题吗？学生们需要明白，即使这个数学世界充满幻想，他们的反应也必须有意义。阿凡达历险的另一个例子是深入地壳探索火山。发生了什么？你做什么工作？还有谁？你找到了什么证据来支持板块构造理论？

在介绍阿凡达的概念和练习的目的时，老师们可以以电子游戏为例：这些不是真实的世界，但我们有时会觉得它们是真实的。这项活动对学生具有吸引力从而激发了他们的想象力。他们可以赋予自己超越人类的优势、力量和能力。然而，挑战在于如何将梦幻与现实相结合。他们的因果决定背后一定有原因，他们想象中的旅行必须展示真实的内容信息。

13.“抓取并执行”策略 #27：寻宝游戏

大多数学生喜欢寻宝游戏。这是一项将想象力和技术结合起来的伟大活动，因为“寻宝者狩猎”存在于互联网上，是一种信息搜索，很像网络探究（http：//webquest.org）。这个策略的重点是让学生想象如何安排寻宝游戏并创造它，让老师确保深入的内容学习正在发生。

这项活动要求学生运用他们的想象力想出一些新颖的想法（创造力路径 2）来寻找和创造线索，并找到网站。这种策略最常见的迭代是让学生提出问题，让其他学生找到答案。提问的学生可以创造线索，引导其他学生发现可以让他们收集信息并找到答案的网站。因为一个好的寻宝游戏需要时间去创造（创造力路径 4），所以这个活动是一个很好的家庭作业。

14.“抓取并执行”策略 #28：视觉引导

一个视觉引导就是让学生听一段有声音乐，并想象正在发生的事情。这个活动有两种不同的方式，都要求学生详细阐述内容。这个活动是创造力路径 2 策略，也可以是创造力路径 4 策略，取决于课上的产品。

为了介绍这个活动，老师首先进行了一个视觉引导。例如，在一个中世纪的学习单元中，老师让学生闭上眼睛，想象一场婚礼盛宴：宴会在一个巨大的大厅里举行，天花板高得几乎看不见。画上、地毯上的图案、女性服装上都是鲜艳的颜色。当你专注于附近的对话时，周围的噪声就会围绕着你。农奴们把食物带了进来，气味难闻极了。你在流口水了。你会发现到处都是面包屑。

老师可以说“你是一只老鼠，描述你的经历”，并且让学生们写一个项目，或者进行视觉引导，之后可以进行广泛的课堂讨论，讨论学生们在可视化过程中添加的想象力细节。接下来，学生们可以在同样的前提下创建自己的可视化系统。在这两种情况下，学生都需要运用他们的创造性思维能力和想象力，在他们的书面产品中提供丰富和生动的细节。

15. “抓取并执行”策略 #29: 图形摘要

图形摘要鼓励学生使用他们的想象力和他们的详尽性技巧。图形摘要使学生能够对内容进行最初的思考，并通过生动的语言和创造性的视觉材料来阐述他们所阅读的内容。这强调了创造力路径 2 和创造力路径 4。学生的写作应该包含适当的内容、语言和概念。图形的结合允许学生通过创造情绪、语气和细微差别来使他们的写作个性化。

例如，在一个五年级的历史小说单元，学生们读两本书中的一本，一本是虚构的复述唐纳支队征战的故事，另一本是记录俄勒冈小道上孩子们的日记，然后用图画总结主人公一天的生活。我认识的一位高中老师使用图形摘要来帮助学生理解自然发生的数学模式的相关性。他的学生们创建了图表摘要来解释科学中的函数，这些函数的模式被用于预测（如科学 / 未来的研究中的增长和衰退函数、指数函数）。图形摘要可适用于所有内容领域和年级；这个评价量规为学生提供了关于长度、要包含的图形数量，以及老师用来评估内容掌握程度和创造性思维的其他元素的指导。

16. “抓取并执行”策略 #30：设想 - 画 - 写

设想 - 画 - 写策略（Pearson，1997）比让学生写一些东西然后画一幅画更有意义。当他们第一次写的时候，学生们经常抱怨他们没有什么可写的或者无法开始。如果他们先画，他们就有东西可写了。他们所需要做的就是看看他们的画，然后就可以开始写了。这种“绘图”可以是信息的基本表示（文字绘图）、图形组织者或计算机生成，取决于内容和级别。该策略侧重于创造力路径 2。

在一个小学一年级的气象教学单元里，老师描述了一个变化的过程：“云层从白色的蓬松的积雨云变成了黑色的高云。风慢慢停了。四周一片寂静。突然，风刮起来，开始猛烈地吹起来。”这时，她要求学生想象接下来会发生什么。他们把自己想象出来的东西画出来，然后用精心设计的语言来描述图片中的或者与图片中的图像相关联的一切。

17.“抓取并执行”策略 #31：GE（生成到细化）

GE 的策略采用原创的、详尽的思维和想象力，强化内容知识，扩大词汇量。学生想象一个概念，然后生成与概念相关的单词列表。他们从列表中选择一个词来详细说明。这被认为是创造力路径 2 的策略。

例如，在一个社会研究教学单元中，学生想象他们对歧视的了解，并列出与之相关的词汇。他们从列表中选出最具影响力的词，并描述了他们对所选词的个人理解。他们在字典中查找这个单词，看看字典的定义是否为他们的个人理解增加了一些不同的方面。

教师可以通过让学生创建一个单词云来扩展这个策略（www.wordle.net）。单词云可以使用不同的字体、颜色和布局，或者将字聚集在一起创建不同的形状。颜色的使用可以产生戏剧性的效果。在学生创建了他们的单词云之后，他们描述了这些词是如何与整体概念相联系的。

|第 5 章| 创造和创新

培养创新想法和行动

创新的想法来自于缓慢的直觉、突然的洞察力或纯粹的机遇（Johnson，2010）。有时候，一个想法和另一个想法交织在一起，形成一种直觉，然后它就变成了某种新的东西。创新可以来自于与他人的合作（Sawyer，2006b；Wagner，2012），也可以来自于长时间独自探索自己的内心想法。灵感可以来自日常生活、激情、兴趣或者潜意识。许多创新都是解决问题、做出改进和现实生活调查的结果；其他创新结合了现有的创新。Wagner（2012）采访了一些创新者，发现了一个共同点：他们都将自己的想法形象化，并在脑海中想出实现目标需要做什么。

Govindarajan（2010）认为，创新可以防止创造力变得失去活力。尽管有创造力的思考者会产生有价值的想法，但有些人认为如果他们不能对自己的想法采取行动，这些想法就不会对社会有用。我们的创造力使我们能想出伟大的想法；我们的创新使我们能够执行这些想法。Robinson（2011）这样描述它：创新就是应用创造力。

想象力、创造力和创新是相互关联的。想象力激发创新。创造力帮助我们产生想法。创新使我们能够在特定的环境中产生和应用创造性的想法。Robinson（2011）认为创新是将原创想法付诸实践的过程。

5.1 在创造性课堂中促进创新

课堂上的创新常常是以问题为基础的教学单元的一部分。学生根据给定的场景确定问题或挑战，进行调查，并提出新的解决方案。这就是创新的本质：它服务于一个目标，响应一个确定的需求，并提供一个解决方案。为了支持学生在这一创造性领域的实践，提出以下指导问题。

1）需求是什么？在这种情况下有什么问题或挑战？

2）有什么不同？你的创新值得实施吗？你的工作或想法与以前尝试过或做过的其他工作或想法有什么不同？

3）解决方案是什么？为什么你认为你的想法是解决问题的方案，如何解决？

4）有什么疑问？你的创新会带来哪些问题？你将如何解决它们？

另一种帮助学生理解创新的方法是明确创新过程中的步骤。例如，一位高中物理老师向学生展示了创新过程，如表 5.1 所示（创造力路径 3）。学生们在看完电影《社交网络》（Fincher and Sorkin, 2010）后练习了这个过程。这部电影描述了马克・扎克伯格如何创造了 Facebook——一个利用科技的创新想法。学生们特别关注扎克伯格如何将他的创意从一个想法转变成一个有价值的产品。学生看完电影后，用表 5.1 中的语句分析扎克伯格创建 Facebook 的过程和程序。这样的示例课程有助于推动对创新过程的理解。课堂讨论集中在扎克伯格的行为和风险因素上：他在财务上是否鲁莽？如果是，什么时候？这就引发了一个问题："为什么不停止？"学生们从中得到的信息是："大胆思维。"

表 5.1 创新的过程

阶段	举例	学生的反应
头脑风暴： 灵感来源； 基于问题 / 情况的需求	根据电影《社交网络》（2010 年），Facebook 这个想法从何而来？	马克的想法是基于其他人的社交媒体创造——哈佛大学脸谱网

续表

阶段	举例	学生的反应
评估： 想法； 灵感来源； 基于问题 / 情况的需求	马克为什么决定带着 Facebook 继续前进？ 为什么他决定把他的想法扩展到大学之外？	他想打动那个女孩； 他被一颗破碎的心所驱使。那个女孩不知道 Facebook 所以他决定扩大它的存在
确定产生创新的步骤	马克采取了哪些步骤将 Facebook 从一个创意产品变成一个巨大的、成功的网络？	他创建了网站； 他搬到了加利福尼亚； 他将网站全球化
确定促成因素和去功能化因素： 人； 情况； 资源	谁导致了马克的成功？	他的朋友肖恩・帕克（Sean Parker）
	谁对马克在 Facebook 上的努力提出了挑战？	在哈佛大学创建社交媒体网站的人
反映： 终点； 有效程度	马克怎么知道他何时能完成他的创新？	当 Facebook 变得流行时，那位女士注意到了他，并且他的创新并没有终点，因为 Facebook 仍在扩张和改变

为了帮助学生理解一个创造性的想法要成为现实需要什么，老师们建立了创新过程的模型。越多的学生谈论创新，分析他人的创新，并讨论这个过程，他们就越能自如地使用这个过程来进行创新。

创新始于探索，终于行动。学生需要能够产生他们自己的问题或想法来指导他们寻找答案和解决方案。那些善于创造性地进行头脑风暴和提问的学生——也就是那些能够熟练地思考可能性并在追求知识的过程中提出有意义的问题的学生——能够想出许多不同的问题来推动探究。那些没有流利和灵活的创造性思维能力的学生通常想不做调查就直接进入创新领域。表 5.1 的阶段可以用来描述一个过程，并提供一种结构，帮助学生在分析他人的创新成果时进行逻辑性的深入思考，然后提出自己的创新。表 5.1 显示了教师如何使用每个阶段的一些元素，但不是全部。教师应该使用适用于课程的任何元素。与其他领域的创造力一样，一些学生可能需要额外的组织和扶持，特别是在自我调节和组织能力方面，作为他们着手努力的方向。

在创造性课堂中，教师可以从其他几个方面鼓励创新。

1）给学生创新的物理空间。在教室里建立一个智库区域，学生可以单独前往，也可以聚在一起探讨和交流想法。

2）有意识地创新。设定目标，使期望的结果绝对清晰。例如，将创新融入学生的日常生活中，要求他们找出解决课堂嘈杂问题的创新方法——使创新过程具体化，并向学生展示其在现实生活中的应用。

3）给学生时间去思考。创新的想法需要时间浮出水面。我们认为有创新精神的大公司（Google、3M）会在工作日安排空闲时间；这段时间可以让员工去探索、去创造，这样可以提高士气，增加工作产出（Baldwin, 2012）。除非有解决问题的迫切需要，否则给学生时间去思考。

4）让学生决定什么和如何衡量成功。对于一些学生来说，他们面临的挑战是找到一个能产生最大积极影响的想法，而不是一个他们最喜欢的想法。让学生决定什么是可以衡量的，什么结果是有意义的。他们将如何决定他们的结果在多大程度上是有效的？

5）表彰学生的努力和他们的成功。不断强化努力可以帮助学生保持参与热情，并有助于培养学生的创新技能。然而，要想有效，表彰必须明确。便签上的笑脸只有在学生知道他们做了什么才能让老师微笑的时候才有效。

有一种学派认为创造力是社会性的；Sawyer（2006b）指出，“最重要的创意见解通常来自合作团队和创意圈”（42 页）。如果我们将这些信息转化到学校环境中，那么教师应该组织学生协作团队，在整个项目周期中参与创新过程。

教学生一起工作，并使用一种即兴的方法（Sawyer，2006a），剥离彼此的想法，每个学生激励其他人想出新的或改进的想法。训练有素的即兴表演比死记硬背更能加深理解［Bransford et al.，2000，由 Sawyer（2006b）引用］。促进学生之间的合作意味着引导学生合作，从内容中获得社会意义。

为了让学生们能够有效地合作，并在创新思维所需的信念上取得飞跃，他们需要在一个接纳创造力和冒险的环境中。学生们需认识到犯错误是可以的，在创新的道路上犯错是必要的。与其他创造性思维技能一样，教师可以帮助学生对创新过程有元认知意识。建立有意义的定义并围绕创新创造共享的语言将帮助学生理解创新的过程，以及创新和创新思维的重要性。利用创新者使用的语言，共享语言可以促进创新思维。

5.2 致力于执行功能技能

执行功能技能是学生构建“成功所必需的认知能力”的关键（Molfese et al.，2010，as cited in Jensen，2013）。为了成功地进行创新，学生们需要日常执行功能技能，如自我控制、处理、注意力、记忆能力和排序。

当学生在自控方面有问题时，他们想要跳到一个正确 / 错误的结论，通常是一个看起来很熟悉的结论。然而，创新是一个过程，需要在创新过程的各个阶段之间进行自我控制。这可以帮助学生遵循一个循序渐进的过程，如表 5.1 所示，帮助他们继续完成任务并抵抗冲动。

另一个能给学生带来挑战的执行功能技能领域是保持注意力和专注。当我们因学生注意力不集中而感到沮丧时，我们必须认识到学生通常是注意力集中的，他们只是没有关注我们希望他们关注的。教师可以通过让学生做预测来提高他们的注意力和专注性，预测过程需要大脑参与。正如 Snyder（2013）所描述的那样，如果预测是正确的，多巴胺会强化再次尝试的欲望。当预测错误的时候，大脑会想要再试一次以达到精神上的兴奋。因此，在练习中加入预测可以帮助学生保持注意力集中，他们会想知道自己是否正确。

Disalvo（2011，第 4 章）观察到，大多数人在醒着的 30% ~ 50% 时间里都在走神，并推测出走神是一种重要的适应功能：在这段时间里，我们的大脑正在消化数据。他还补充说：“研究表明，走神和创造力之间有很强的联系（第 4 章）。这对创造性思维是一种益处（也就是说，学生可以控制自己的白日梦）。”教师不应该认为学生在做白日梦时没有注意、倾听或处理信息。然而，真正的挑战是确定学生是否在课间休息时什么都不想，想的不是课堂上讨论的内容，或者是对课堂上讨论的内容进行更长时间的反思。与其假设白日梦是一个集中注意力的问题，教师应该简单地问学生他们在想什么。

执行功能影响工作记忆,工作记忆比智商更能预测学习成绩[Alloway, 2010，由 Jensen（2013）（p67）引用 ］。如果学生不知道或不记得内容，他们几乎不可能对内容有创造性。有一些可以帮助学生记忆的技巧和策略，如创造性活动、避免信息过载、帮助学生分类信息、利用图形组织者、提供多感官刺激，以及设计经验性的现实生活的学习课程。

在创新过程中扮演重要角色的一项技能是在过程中遵循步骤的能力。为了对创新任务进行排序，学生必须能够对信息进行优先等级排序和组织。他们需要知道什么时候做什么，以什么顺序做。这种技能是可教的，教师使用如下策略指导和教授学生。

1）图形组织者，帮助学生知道什么时候做什么，以及在每一步需要什么；

2）为完成任务的过程建模；

3）减少完成任务的步骤；

4）让学生通过排列任务顺序来练习优先级和组织过程。

5.3　运用策略鼓励创新思维

在向学生介绍创新概念时，教师可以通过讨论美国专利局及其在辨别真正创新中的作用来吸引学生的兴趣。关于专利局的简短讨论可以帮助学生理解哪些想法是不合理的，或者仅仅是不够创新。然而，许多创新都是成功的，并最终成为有影响的产品或创意（提交专利申请的创意中约有 60% 获得批准）。引入正式的专利批准程序的理念，加强了学生关于创新作为对需求或问题的回应的理解。这种方法可以应用于不同的内容领域，作为学生探索创新过程的跳板。

1）研究第二次世界大战的学生关注的是当时获得专利的创新。哪些与战争的需要有关？为什么创新在那个时间段很重要？

2）在一个注重节约用水的单元中，学生们探索浴缸和淋浴的历史，以及随之而来的用水数据。他们确定了洗澡的创新方式，并确定这些创新是否获得了专利。

3）研究化石燃料的学生在合作小组中工作，找出存在的特定问题，并提出解决问题的创新方法。他们研究他们的创新是否已经存在，如果存在，是否有创新的专利。

在学生探索创新与专利之间的关系之后，他们准备将表 5.1 中的创新过程应用到他们正在学习的内容上。表 5.2 提供了跨内容领域的创新活动的示例。

表 5.2 跨内容领域的创新活动

读写能力	数学	科学	社会学
创造一种可以改善角色生活的创新； 创造一种创新的方式来改善两个角色之间的交流； 以创新的方式解决故事中的问题； 建议主角以一种创新的方式去冒险	确定一种创新的方法来记住数学事实； 设计一个创新的测量系统； 创建一个创新的方法来演示使用比例和操作器的并行操作； 确定一种创新的方式来展示地点价值	找出减少污染的创新方法； 以创新的方式继续太空探索； 确定一个创新的解决方案来弥补失去的感觉； 使用至少两个特征创建一个创新空间对象	为我们社区的一个问题创造一个创新的解决方案； 描述稀缺概念的创新解决方案； 创造一种创新的方式来庆祝国家节日； 发展一种对社会有益的创新交通方式

创造性课堂中，创新可以有多种形式。例如，一名五年级的老师在西进运动的一个教学单元中，要求学生们想出一种创新的方法来改进康内斯托加式旅行车，并实际制造出一种新的、经过改进的旅行车。这项作业要求学生研究如何使用马车，确定当时的需求是什么，并对需求给出回应。一群学生利用创新的过程提出创新，并把它推进到他们可以创造的东西。他们一起工作，运用数学、运动和机械的科学原理来创造他们的改良旅行车。如果时间不允许，学生们就不必亲自动手创造新发明；使用表 5.1 中的步骤简单地分析他们关于创新的想法有助于他们理解创造力。

这个创新的过程可以明确地教授。

1）头脑风暴可能的需求或问题和应对方法；

2）评估想法以决定哪个想法最值得追求；

3）确定过程中的步骤，进行修改或改进；

4）确定想法的促成因素和去功能化因素；

5）反思创新的结果，以确定它是完整的还是需要修改的。

5.4 以创造性和基于标准的活动为目标的创新

与创造性思维的其他领域一样，创新可以帮助学生加深对内容的理解。为了能够提出一个有创意的解决问题的方法，学生必须了解和理解文章中描述的问题，以及问题的主题或概念。当教师要求学生指出文中提出需求的地方，指出挑战问题的来源，或描述提出解决方案的基本原则时，这种知识就会得到加强。如果作业中也要求学生解释自己的想法，那么学生的创新过程就会得到加强。

表 5.3 回顾了我在前几章中介绍的学术内容标准。这一次，我们正着眼于将标准与针对学生创新技能的活动联系起来。

为了使任何以创新为目标的课程获得成功，学生需要拓展他们的思维。他们可能倾向于诉诸他们的第一个想法；老师提醒学生，目标是找出对问题或情况的创新反应。创新是指将想法付诸实施，使之成为现实，或为某事增加价值。例如，学习八年级数学的学生按照表 5.3 中所描述的作业分组工作。在选择用什么对象来表示变量时，他们考虑了什么可能使他们的演示具有创新性。其中一组选择牛和鸡作为变量，并将它们与杂货店里的几包肉等同起来。他们创建了一个图表并展示了它们之间的关系。学生们成功地完成了作业：他们不仅展示了对内容的理解，而且还选择了一种非常创新的方式来展示质量和数量。

表 5.3 以创造性和基于标准的活动为目标的创新

CCSS 的关键思想和细节	创造性活动：以创新思维为目标
提出和回答问题，以表明对文本的理解，明确地将文本作为回答的基础（RL.3.1） 文本：《又丑又高的萨拉》（MacLachlan，1985）	针对以下问题，学生们编写了一篇文章，描述了恰当的情境创新：在《又丑又高的萨拉》中，维廷（Witting）的生活很简单。在故事中确定角色的需求，并创建一个创新的工具来解决这个需求
在解释文章内容以及从文本中推断出的内容时，准确引用文本（RL.5.1） 文本：《雾》（Sandburg，1916）	学生们创建表或图和书面说明，说明控制雾的创新之处。这个描述包括了对文本的引用，展示了创新是如何控制诗中所描述的雾的不同元素的
使用位置值理解任何位置的小数（5.NBT）	学生创建一个创新的设计，让别人知道位置值和小数之间的关系，还描述了他们对创新过程的五个步骤的思考

续表

CCSS 的关键思想和细节	创造性活动：以创新思维为目标
创建描述数字或关系的方程——用两个或多个变量创建方程来表示数量之间的关系；以方程作图，坐标轴上带有标签和刻度（HSA-CED.A.2）	学生使用两个或多个对象表示变量，并提出一种创新的方法来证明数量之间的关系。他们的示范必须包括对创新过程的五个步骤的思考的描述
引用有力而全面的文本证据，以支持对文本的明确表述及从文本中得出的推论的分析，包括确定文本的不确定性（RL.12.1） 文本：济慈的《希腊古瓮颂》——“美就是真，真就是美，这就是你们在地球上所知道的一切，也是你们需要知道的一切”	《希腊古瓮颂》中的瓮可以视为一个创新的想法。学生们利用创新过程来分析瓮的灵感特质是如何与济慈产生共鸣的

资料来源：National Governors Association Center for Best Practices and Council of Chief State School Officers，2010a，2010b。

5.5 以创新为目标设计课程

表 5.4 说明了如何设计一个以创造性思维和创新为目标的课程。这名教师正在介绍一个新的单元，该单元致力于解释信息文本和 CCSS，以及评估或改进一个技术解决方案的标准，以减少人类活动对自然系统的影响。老师要求学生们开发一种创新的方法来逆转“温室效应”，使其随着时间的推移不再恶化。对于这节课（包含创新思维），学生必须能够在小组中协同工作；他们还需要知道什么是温室效应，温室效应的影响，以及已经采取的减少这些影响的措施。

表 5.4　课程设计：以创新和创造力为目标

确定内容、主题、副主题、技能和概念	CCSS： RI.9-10.1； RI.9-10.2； HS-ES53-4	主题： 太阳对气候的影响； 影响气候的因素； 全球气候模式	副主题： 温室效应； 循环； 纬度； 洋流； 风； 地形； 厄尔尼诺现象	技能： 批判性思维； 因果； 创造性思维——创新和流畅； 描述性写作 / 措辞
核心问题	人类的决定如何影响气候？			
评价	总结：量规			

续表

区别	阅读：阅读水平不同	兴趣度：没有区别	认知方式：记录反应
“勾住”学生的兴趣	教师列出了美国五个未命名城市的年气温和降水量。学生猜出他们是哪个城市，并给出他们的理由		
课程设置	教师评论/扩展内容：教师与学生一起评论西风如何影响天气。学生口头比较同一纬度城市的天气，讨论如果地球倾斜66.7°，三个纬度地区会发生什么情况	老师回顾思考的过程：老师让学生回想上一节课，他们展示了创造性思维和创新思维。课程回顾了五个步骤的创新过程来指导他们的工作。学生明白这项作业需要创新的思维和找出创新的解决方案	教师回顾产品形式：产品形式将是学生记录他们想法的创新过程论文。老师检查考试成绩单，以确保学生理解他们将如何被评估。课堂上复习课文，老师会澄清所有混淆或误解。老师描述了“脱口秀”的形式
活动	简介：老师告诉学生，他们将运用自己的想象力和事实知识，想出一种创新的方式来扭转导致温室效应的模式。学生小组在两个网站上浏览关于温室效应的信息，以及已经尝试或实施的减少温室效应的想法或建议。老师为那些在阅读上有困难的学生提供更容易阅读的网站	步骤：在进行了研究之后，学生小组就温室效应恶化的原因进行头脑风暴，并对每一种可能的解释给出回应。学生形成群体标准，并使用消除和防御策略单独评估想法，以帮助他们做出合理的决策。学生们可以独立地构思一个创新，写下或记录创新发生所需的步骤，并推测谁会支持他们，谁可能设置障碍。他们想象着他们的创新即将实现，并以“脱口秀”的形式展示他们可能的结果和任何改进课程的想法	
评价	教师对创新过程进行评价，并对反馈做出具体说明		

在介绍这节课时，老师要强调把重点放在创新上，这样学生就会注意到它，并且老师通过向学生展示前一节中的例子来模拟创新过程，从而产生学生的创新。老师还会分享现实生活中的例子来说明一个人是如何把一个想法变成一个创新的想法的。老师解释说，学生们将使用五步创新过程来发展他们的创新。学生们一起工作、收集和分享事实，集思广益（如前所述，通过在一个小组中工作，学生们会比他们自己提出更多的想法）。老师要确保群体是混杂的，学生们的性格是互补的。在过程的第二阶段，当学生评估想法时，他们一起使用消除和防御策略来生成标准（见“抓取并执行”策略 #33）。然后他们自己决定一个他们认为最好的想法。每个学生概念化其选择的想法，并确定完成创新所需的步骤。他们预测谁能帮助他们创新，谁可能是反对者。这个活动的最后阶段是一个“脱口秀”（基于“抓取并执行”策略 #35），学生们可以

就彼此的创新提出问题并回答。除了与同伴讨论他们的想法，学生们还要写下他们对问题的回答。

这个作业的量规（表 5.5）为学生提供了指导，也为教师对小组和个人工作的反馈提供了基础。量规包含了创造性思维（流畅性）和创新的预期水平。老师加入了一个自我评估的部分，因为她想让学生明白从自己的自我评估中学习对他们来说有多重要，而不仅仅是依靠别人对他们工作的看法。

表 5.5 以创意和创新为目标的课程样本

分配元素	不是很好	好	很好	极好的
小组评价				
头脑风暴：日地关系；循环；变革；温室效应	很少事实；几乎没有研究证明；仅说明事实；小细节	一些事实；一些证据的研究；没有更多想象细节的事实；一些细节	许多事实；研究证据；一两个独到见解的事实；很多细节	许多事实；广泛的研究证据；事实与许多原始的、逻辑的想法相结合，增强了场景的效果
头脑风暴解决这些问题	一种效果；一个解决方案	两种效果；为一两种效果提供的一两个解决方案	三种效果；每种效果有两种解决方案	超过三种效果；每种效果有三个或三个以上的解决方案
个体评价				
决策	不适用于决策的标准	用于决策的明显标准	大多数标准适用于决策	所有的标准都适用于决策
计划	这些步骤不代表创新过程；促成因素和去功能化因素不正确或者未列出	一些步骤缺失；列出了明显的促成因素和去功能化因素	使用基本描述，正确排序步骤，并有意义；促成因素和去功能化因素是有意义的，并且代表了现实的想法	步骤的顺序是正确的，描述是非常有逻辑的；促成因素和去功能化因素是有意义的，并代表深刻的思考
“脱口秀”的回答（书面）	一些回应遗漏了；一些不相关的观点	反应甚微；一些想法是合理的，但不重要	回答是完整的；想法是相关的和有逻辑的	完善的回答，包括具体的细节、深思熟虑的概括和结论

为学生提供反馈有助于他们成为更有效的创新思考者（参见第 7 章的讨论）。在提供反馈时，要表彰学生在创新过程中所表现出的优点，并就如何在他们薄弱的领域进行改进提供策略和建议。反馈的内容不是关于学生是否是一个“好”的创新思考者，而是关于学生在创新过程的

不同阶段如何使用流利、灵活、原创和精细化的思维。反馈还应该关注学生的努力程度，以及他们如何运用批判性思维来整合他们的想法。

表 5.6 总结了创建一个包含创新思维的课堂技巧。五种不同的方法来促进创新思维，为学生理解创新到底是什么奠定了必要的基础。

表 5.6　支持创新思维：成功技巧

技巧	如何实现
树立创新精神	提供一个背景； 创建一个创新的气氛； 培养创造力； 让学生参与共享学习； 衡量成功
了解创新	对教师和学生有一个共同的定义； 把想法付诸实践； 了解创新的重要性和相关性； 懂得创新
创新计划	对流程进行建模确定谁做了什么，什么时候
实现创新	找出想法； 分析； 选择一个想法； 实现想法； 管理流程； 评审结果； 分享想法

学生在学校参与创新活动越多，他们就越能真正理解创新及创新的重要性。创新并不适用于所有事情，创新是需要时间和地点的。当学生们使用创新的过程时，他们会了解到制订实施计划的重要性，以及如何指导他们的行动。如果你问学生们今天是否使用了创新思维，他们会认为自己是创新者。提醒他们，我们评估创新的效果是因为我们重视它。

本章最后的四种 “抓取并执行” 策略针对创新过程的五个步骤。在每一个步骤中，学生们都要使用一种或多种创造性思维技能（即流畅性、灵活性、原创性和详尽性）。他们在产生或考虑多个想法时使用发散性思维，而使用聚合思维来决定最好的想法。本章所描述的实际创新过程是程序化的，可以在创造力路径 3 中找到。在这个过程的不同步骤中使用的“抓取并执行”策略通常在创造力路径 2 中找到。

反思和扩展章节信息

1）实际上，您是否同意使用创新过程可以帮助学生在内容领域达到 CCSS（或您个人的标准）？请详细说明。

2）我们的学校有创新的地方吗？为什么？

3）你认为年轻学生的创新需要有所区别吗？请解释。

4）描述当你在上创新课程时如何管理这门课。

5）你会如何比较那些强调创造力、想象力与创新的课程和那些更注重批判性思维的课程？

1.“抓取并执行”策略 # 32：紧张的尼尔

“紧张的尼尔”策略（创造力路径 2）通过让一群学生对一种情况产生许多不同的担忧，然后产生许多不同的方法来解决这些问题，来促进创新思维。它的设计是为了支持学生创新过程的第一步（即确定需求），并纳入发散思维、流畅性和灵活性。

例如，研究西部移民的五年级学生被告知，要把自己放在尼尔的角色中，尼尔很担心自己会坐上康内斯托加大篷车。学生小组生成了尼尔的担心列表，并按照担心的类型进行分类（表 5.7）。在这节课中，学生们首先担心的是它是危险的。这种担忧属于安全范畴。

表 5.7 紧张的尼尔：创新思维策略

尼尔的担忧	关注的类别
这是危险的	安全
没有足够的食物	食物
这是一次漫长的旅程	时间
我不喜欢领导	领导
这是一年中错误的时间	时间
我的朋友不去了	友谊

续表

尼尔的担忧	关注的类别
我不能带我的狗	友谊
我不舒服	物质享受
我上下车都站不起来	体能
我和一些人相处得不好	社交

下一步是让团队确定从紧张的尼尔类别中产生的最大需求。学生们倾向于算出某一类别中列出的想法的数量，并错误地认为拥有最多想法的类别一定代表了最大的需求。这是提醒学生使用灵活思维的时候，在确定不同类别后，学生应该做以下事情。

1）把所有的分类写在不同的索引卡片上，混合起来，把它们正面朝下放在桌子上。

2）从他们的小组中选择一个人来记录他们的回答。

3）“滚动并回应”：记录者将一张类别卡翻过来并滚动骰子。有骰子上的数字的学生必须想出一个办法来解决卡片上标识的忧虑类别。

4）刚才回答的学生掷骰子，然后有骰子上的数字的学生通过翻动下一张牌来增加解决方案或改变类别。

5）记录下所有的回答。

这个过程会一直持续下去，直到团队对尼尔的所有类型的担忧产生了多种不同的回应。

2.“抓取并执行”策略 #33：消除和防御

这一创造力路径 2 策略帮助学生识别和选择他们最好的想法（创新思维过程的第二步）。整个班级制订标准，用于指导他们做出逻辑决策。

可以用来评估创新想法有效性的问题如下。

1）是否实用？

2）是否适当？（根据上下文、内容或主题）

3）是否有效？

4）是否持久？

5）是否合理？是否有时间和材料？

6）是否有创新？

根据商定的标准，学生作为一个整体，作为一个小组，或单独地比较两个想法，以消除较弱的想法。对于每个想法，他们应该确定哪些标准得到了满足或没有得到满足。然后，通过一个排除的过程（如与下一个想法相比更强的想法），学生确定最佳的解决方案。

3. "抓取并执行"策略 #34：创造共识

这一创造力路径 2 要求学生在视觉上发展他们的创新。学生们通力合作，互相帮助，一起确定将每个学生的创新从一个想法完全概念化的步骤。这个小组活动集中在创新过程的第三步和第四步。

活动开始于学生将一张纸折叠成八个正方形。他们在第一个方框里描绘了一幅他们的创新图景。每个学生向小组展示他或她的绘画并解释它。这时，小组里的其他学生可以提出关于创新的问题。讨论结束后，学生在第二个框中写下为了实现创新需要先做什么。然后学生把纸交给下一个学生，下一个学生在下一个方框里写下接下来会发生什么。学生们围着桌子传递，直到创新过程完成。如果需要额外的空间，他们可以使用纸张的背面。如果你是与低年级学生做这个，你可以让你的学生把纸折叠成四份，只列出四个步骤。

当学生们收回他们的纸时，他们会圈出他们没有想到的想法。每个学生完成自己的创新步骤，并将其呈现给小组，包括谁可以帮助创新，谁可能抵制创新。然后，作为一个团队，他们讨论最好的想法，以形成一个共识性的创新解决方案。当学生觉得他们已经解决了所有潜在的挑战时，他们愿意把他们的创新和创新过程提交给老师。

4. "抓取并执行"策略 # 35：脱口秀

这个创造力路径 2 策略允许学生自我评估他们的创新，并完成创新过程的最后阶段。学生两人一组练习：一名学生是 "脱口秀主持人"，他会就学生的创新提出预设的问题，另一名学生是“嘉宾”。主持人不知道嘉宾的回答会是什么。主持人可以要求嘉宾详细说明或澄清。所有学生都会提前复习问题并写下他们的回答；他们可以在脱口秀节目中提及这项工作，但不应该只是大声朗读。问题的例子包括以下内容。

1）这项任务的目的是什么？

2）你的创新想法如何满足任务的目的？

3）你从使用创新过程中学到了什么？

4）通过做这个项目，你学会了促进你的思维和学习的策略了吗？如果是，它们是什么，它们如何应用于创新？

5）作为一个团队成员，你对自己了解多少？请具体说明，并举例。

6）如果你可以改变这个任务，你会改变什么，为什么？

7）你还有什么要补充的吗？

每组学生交换位置，重复这个过程。“采访”结束后，学生们向老师提交他们的回答。学生用作业量规反思自己的学习。课堂上还应该讨论整个作业，分享他们所学到的知识和他们对问题的回答。

教师可以通过让学生互相提出基于内容的问题，通过录像或在课堂上表演，通过“主持人”提出后续问题，或者让“脱口秀主持人”也使用作业规则来评估他们的“嘉宾”，来进一步阐述这个想法。

第 6 章　创造力和解决问题

创造性的工作

当存在的问题与所期望的情况不一致时，创造性地解决问题是必要的。它通常涉及找到一个未知的或不常用的解决方案。学生运用创造性地解决问题的技巧来发展自己的创意、创新和改进自己的产品。与其他创造性领域一样，创造性地解决问题可以帮助学生更深入地思考内容。

Noller(1979)将创造性解决问题定义为具有新颖性和相关性的元素。

我们所说的“问题”是指，任何出现挑战、提供机会或引起关注的情况。

我们所说的“解决问题”是指，想出解决问题的方法，或满足问题的方法。

有两种需要解决的问题：急性问题和慢性问题。急性问题需要立即得到重视，如果忽视，慢性问题将变成急性问题。还有一些预期性的问题;这些问题如果在创造性课堂中被普遍探索，它们会给学生提供深入探索内容的机会。

预期性问题要求学生考虑一个已经存在的问题，并使其变得更大。例如，在世界上的一些地方水资源短缺。科学家预测，在不久的将来，水资源短缺将变得普遍。学生们面临着一个基于问题的情况，如“想象一下 2025 年世界范围内的水资源短缺。地球上的人没有足够的饮用水”。然后学生使用创造性的问题解决技巧来解决问题。

预期性问题要求学生思考某一情况的原因或影响。这可能包括反思，学生反思过去的问题和解决方案，并创建一个不同的解决方案。例如，在阅读中，学生发现故事中的一个问题和作者提供的解决方案，然后使用创造性的问题解决过程来开发一个比原来的解决方案更好的解决方案。

学生在基于问题的学习中使用创造性的问题解决过程来帮助他们解决问题。研究表明，基于问题的学习在学生内容知识、协作技能、参与和动机、批判性思维和问题解决技能等方面取得了积极成果（University of Indianapolis Center of Excellence in Leadership of Learning，2009）。在以问题为基础的学习中，学生小组可能会按照要求他们采取特定观点的过程来解决问题。教师促进这一过程，但学生承担越来越多的责任，因为他们要通过不同的阶段解决问题。使用这种方法的学生学习的次数至少和传统教学的学生一样多（Karnes and Bean，2009）。证据还表明，随着学生变得更加独立自主，学生的成绩也会提高［van de Hurk，2006，由 Karnes 和 Bean（2009）引用］。

还有其他解决问题的模式和方法。Gordon（1961）开发了类比法，一种应用类比促进创造性思维和创造性问题解决的方法。类比法可以帮助学生生成不同寻常的联系，使他们能够应用于解决问题中。虽然在商业世界中，这是一种普遍的开发新产品或改进产品的策略，但这种方法在教育环境中并不常见。类比法包括以下四种类比。

1）直接类比把一个主题、概念，甚至一个人比作有生命的物体或无生命的物体（McAuliffe and Stoskin，1993）。例如，小数在哪些方面像狗？或者小数在哪些方面像盒子？

2）个人类比有助于在情感上认同主题或概念。第一种个人类比是对事实的第一人称描述，通常缺乏情感（如我是小数，我有小数点，我影响位置值，我很容易看到小于 1 的量）。第二种个人类比是用情感来描述主题或概念（如我是一个小数，当我有很多整数时我很高兴，因为那样我就感觉自己很大。当我还不够格的时候，我就会难过）。第三种个人类比是对人、动物或无生命物体的移情认同（如我是一个小数，当我们有很多的时候，我可以让学生感到沮丧。我是一个小数，当学生们操纵我的数字而不是用分数来操纵数字时，我让他们高兴）。

3）象征性类比（也被称为压缩冲突阶段）确定了类比的两个相冲突的方面并将它们放在一起。例如，在缅因州，当某事非常好时，我们用“邪恶的好”（wicked good）这个短语。象征性类比的其他例子是“有组织的混乱，想象的现实，可疑的确定性和破坏性的构造”（McAuliffe and Stoskin，1993）。通过我们的小数示例，学生可以回答：“小数在哪些方面简单复杂？”

4）想象使用前面的类比思想来生成“如果”的解决方案（如“将小数相除是否容易？”）。

Osborn（1963）在他的早期作品中将问题解决过程描述为包含事实发现、想法发现和解决方案发现的过程。这个想法逐渐发展，又包括了问题发现和接受发现，如在解决问题的过程中的每个阶段，都要在收敛性和发散性思维之间取得平衡。现在被称为奥斯本 - 巴尼斯创造性问题解决（Osborn-Parnes creative problem solving，CPS）（Parnes，1992）。每一个步骤（即事实发现、问题发现、想法发现、解决方案发现和接受发现）都包括一个发散思维阶段（如头脑风暴）和一个收敛思维阶段。根据 Treffinger 等（2006）的观点，CPS 模型可以被提炼成三个部分：理解问题、产生想法和行动计划。

6.1　鼓励创造性地解决问题

要想成功地且创造性地解决问题，学生必须能够应付模棱两可的情况。许多问题都是在“模糊”情况下提出的。学生必须对所提供的信息进行轻松地分类，探索那些非显性的隐含的信息，并在此过程中做出明智的决定。如果学生对模棱两可感到沮丧，他们将很难解构这个问题的场景。因此，与其他创造性思维技能一样，教师可能需要为学生建模，教他们在面对模棱两可的情况和问题时如何前进。这有助于学生识别名词（如谁参与了问题场景及明显的问题是什么），并识别出指导行动的动词。善于分析问题的学生能够确定他们对模棱两可情况的解决方案是否是最好的解决方案。他们认识到，在他们能够确定结果之前，可能会出现不确定的时期。

创造性的问题解决过程是由好奇心驱动的，好奇心促使人们发现数据、机会和解决方案。如果学生缺乏好奇心，他们可能无法有效地定义和重新定义问题。你可以通过提问激发学生的兴趣来激发他们的好奇心。

创造性的问题解决过程也是由学生的信心驱动的。这一特点使学生能够表达不同的想法，并快速完成过程中的每一步。

创造性思维需要暂停判断。在创意生成阶段，帮助提醒学生头脑风暴的规则，包括暂停判断。学生们将使用集合思维，在后面的过程中确定哪个问题是首要问题，哪个解决方案是最有效的解决方案。创造性问题解决者需要能够感知偏见，以避免落入基于偏见推理的错误结论的陷阱。虽然我们可以教学生辨别偏见的技巧，但是教他们如何顶住同伴的压力却要困难得多，因为同伴的压力也会导致学生得出错误的结论。

帮助学生成为有创造力的问题解决者，为他们未来的教育、职业和公民身份提供了宝贵的生存技能。对于学生来说，能够创造性地提出正确的问题并解决问题是很重要的。所以需要创造一个有利于创造性解决问题的环境。

让学生接触创造性的问题解决的过程。花点时间教授学生创造性的问题解决的过程，这个过程要与年龄相适应且通俗易懂。演示如何使用框架、何时使用框架，定期为学生提供需要创造性解决问题的课程。鼓励学生识别什么时候他们需要使用创造性的问题解决过程，什么时候不需要。

帮助学生学会管理他们的时间。提醒他们，创造性的问题解决过程可以用来分析信息，并在一个课时内完成，也可能需要几天、几周或几个月才能完成。

为创造性问题解决过程中的步骤提供可视化的插图。可以是教室里的海报，也可以是在谷歌或班级网站上共享的文件。

确保课堂环境重视创造性的想法和解决方案。在创造性地解决问题的过程中，可能出现的思路和解决方案仍需进一步探讨。想法和解决方案可以被修改，或者最终可能被认为是错误的。与其他类型的创造性思维一样，“错误”并不意味着学生在创造性问题解决过程中失败。

将创造性的问题解决方法作为一个工具来提高成绩和培养求知欲。创造性的问题解决过程不是一个“是什么”，而是一个“是怎样”。课程标准确定了教师应该教什么。然而，我们如何教授内容则取决于我们自己。

6.2　定义创造性问题解决过程

对于创造性的问题解决过程（创造力路径 3），我喜欢使用来自几个不同模型的组合思想。这个过程包括三个主要部分——问题、解决方案和解决方案的实现——每个部分都被分解成一系列步骤（图 6.1）。

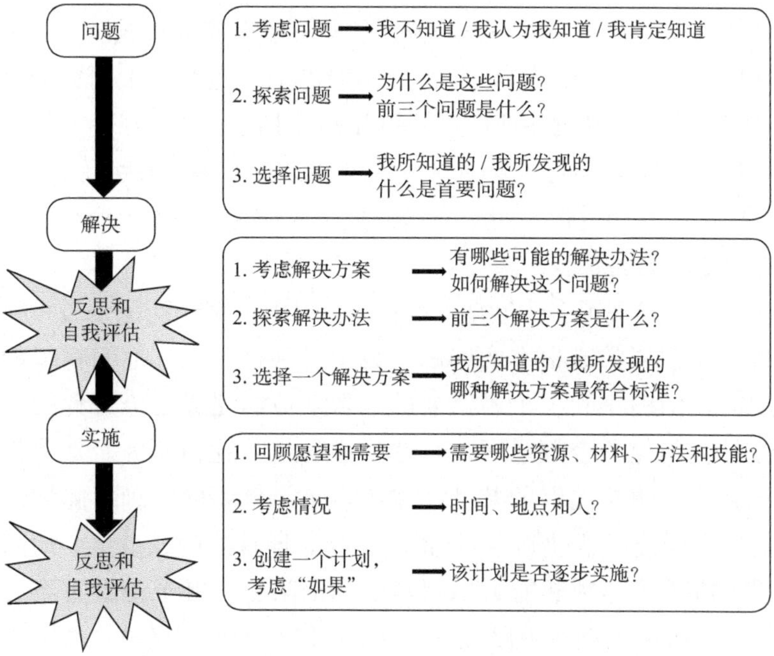

图 6.1　创造性问题解决过程

该模型既适用于独立问题的求解，也适用于群体问题的求解，过程中的每一部分都包括发散思维和收敛思维。这个过程还包括学生在以下两点上的反思和自我评估：前两部分（识别问题和确定解决方案）及完成的过程。这种反思的作用是双重的：要求学生在活动中检查自己的思维过程，培养学生对解决问题过程和创造技能的元认知意识，学生自我评估促进了学习过程中的自主性，从而提高了学生的表现（Jensen，2013）。可以通过简化步骤或使步骤更复杂来修改模型；可以删除步骤，以便使模型与内容和学生的需要保持一致。然而，在这个过程中有一些核心的不可协商的步骤应该保持不变。

6.2.1 第一部分：问题

这个过程的第一步是让学生列出他们不知道什么，他们认为自己知道什么，以及他们对这个问题肯定知道些什么。为了支持这种发散性思维，教师可以为学生提供一张表格来填写，或者将纸折成三份，创建三列来列出他们的回答。在这一点上，学生应该从他们需要研究的信息中整理事实，这个活动也让他们对问题有了初步的了解。

喜欢使用互动策略的老师玩头脑风暴游戏（创造力路径 2）：“我有一个问题，谁知道这个问题在哪？”通过讨论，课堂上产生了一系列关于这个话题的问题。

一旦学生发现了多个问题，他们就会识别出哪个问题是最重要的，或者哪个是首要的或根本的问题。为了做到这一点，他们将可能出现的问题的范围缩小到三个最重要的。帮助他们完成这个过程的一种方法是让学生创建一个概念网站，并生成每个问题的原因。这将帮助他们认识到不同想法之间的共性。在确定了最重要的三种可能性之后，学生们进行研究以帮助确定“真正的”问题（即首要的或最重要的问题）。

学生需要培养判断能力，判断这三个问题中哪个是最重要的；同样，一个班级的“创造力路径 2”活动可以帮助他们区分“真正的大”问题和“大”问题。这可以通过把这三个问题作为图表纸上的标题，或者通过在交互式白板上移动文本来完成。学生确定他们对每个问题的了解，并进行研究来阐述他们的想法。当他们获得信息时，他们会向相应的列添加信息。在他们比较了每个问题的信息后，他们确定了首要的问题。为了帮助学生总结和比较信息，教师可以提供一个简单的模板让他们填写。表 6.1 展示了一个学生如何使用模板来识别童话中灰姑娘面临的首要问题。

表 6.1　调查问题

问题 1 灰姑娘想去参加舞会	问题 2 继母不想让她去参加舞会	问题 3 灰姑娘很穷
我所知道的	我所知道的	我所知道的
她想见到王子	继母很刻薄	灰姑娘是个乡下人
她认为那会很有趣	继母妒忌灰姑娘	她父亲没有很多钱
她以前从未参加过舞会	继母想让女儿们见见王子	继母不把钱分给灰姑娘
我发现了什么	我发现了什么	我发现了什么
不是所有的舞会都是有趣的	继母在童话故事里常常不快乐	穷人经常在童话故事中幸福地生活
舞会上到处都是有钱的社会名流	继母通常是童话故事里的坏人	在童话故事中，魔法和诡计的使用常常使问题发生逆转
女人去舞会是为了认识有钱的男人		在童话故事里，穷人常常是好人
舞会只是偶尔发生一次		穷人往往是童话故事的受害者
在回顾我所知道的和我发现的情况之后，我觉得真正的大问题是灰姑娘很穷，这个问题影响所有其他的问题		

在这个过程中，不可协商的是，学生在决定哪个是首要的或根本的问题之前，要考虑所有相关的问题。当学生被要求找出一个问题时，他

们通常会选择一个明显的问题，有时这并不是真正的问题。即使他们寻求并找到了解决表面问题的办法，也未必能解决真正的问题或改变局势，因为他们没有解决最根本的问题。这就像处理症状而不处理原因一样：如果原因没有处理，症状就会重新出现。因此，在课堂上使用问题解决过程的教师必须要求学生在确定哪个是最主要的“真正的”问题之前考虑其他问题。

6.2.2 第二部分：解决方法

在这部分过程的第一步中，学生们会针对首要问题生成许多解决方案，确定每个解决方案将如何解决问题，然后审查信息并选择三个最佳解决方案。同样，头脑风暴过程（创造力路径 2）可以作为一个小组活动来完成。例如，班级分成小组，每个小组都有一组编号的扑克牌（老师可以把卡片限制在 6 分以内）；个别学生根据他们所发卡片上的数字提出一些解决方案。在对不同的可能性进行评估后，学生们会选择前三种可能的研究方案。他们研究这三种可能的解决方案中的每一种的信息，以确保他们有足够的信息来做出明智的选择。

在选择最佳的解决方案时，学生会提出衡量其想法的标准；个人标准也应该根据其重要性和影响力进行权衡。例如，为了重新解决灰姑娘的困境，我们的学生决定，解决贫穷问题的三种最好的办法是让灰姑娘找到很多钱，让仙女教母施魔法，或者让灰姑娘接受自信训练。表 6.2 展示了学生对这些可能的解决方案的评估，并根据标准选出了最佳方案。标准是做出明智决定的关键因素。由于这对学生来说是一项非常困难的技能，所以老师使用逐步释放责任的方法来引导学生（Fisher and Frey，2012）。首先，教师为学生的决定提供合适的标准。在随后的课程中，老师会提供一些标准，学生们会添加这些标准，直到学生们准备好自己制订合适、有效的标准。

表 6.2 评估解决方案

说明：①根据你的标准，在 1 ~ 10 分的范围内，对前三名的每个解决方案进行排名。
②通过给标题加阴影来指示最重要的条件是什么。然后，为每个可能的解决方案总结要点。不要认为最高的数字是最好的选择；记住，你选择了一个最重要的标准。
③在底部框中，确定你选择的解决方案及其原因

可能的标准：成本、实用性、现实性、材料、人力和持久性，你也可以制订自己的标准

解决方案	标准				总分
	长久的	快速的结果	起作用的	有趣的	
大量的黄金	8	10	7	3	28
仙女教母修复一切	6	8	7	7	28
自信心训练	5	3	9	10	27

我认为最好的解决方法是让灰姑娘进行自信训练；
因为我最重要的标准是解决的方法应该是有趣的，毕竟这是一个童话故事；
我认为灰姑娘做自信训练是很有趣的，她将运用她的新技能来找工作

另一种确保学生理解过程并掌握解决问题技巧的方法是让他们尽可能多地想出理由来捍卫自己的解决方案。对于低年级学生和对这一过程不熟悉的人来说，在课堂讨论中分享想法，然后指导学生达成共识，可能有助于他们的技能发展。

这部分的问题解决过程有两个不可回避的步骤。一个是让学生考虑许多解决方案。通常，学生们想要使用脑海中出现的第一个解决方案，或者是他们最感兴趣的解决方案。对于学生来说，运用创造性灵活的思维提出许多解决方案是很重要的。即使是非常不切实际的解决方案在这里也很有用，因为它们可能会引导学生找到更现实的解决方案。另外，如果学生要花时间真正创造性地解决问题，那么问题必须足够重要，以建立标准来帮助他们选择最佳的解决方案，这一步也是不容置疑的。

6.2.3 暂停：反思

在问题解决过程的前两部分完成后，我们的模型包括暂停反思和自

我评估。这是一个机会，让学生和老师对以上步骤中回答的质量好坏进行评估。暂停反思是创造性问题解决过程的重要组成部分。在学生为实现他们的解决方案制订计划之前，他们需要评估如何应用这个过程。这为他们提供了一个机会来修改或完善他们的回答，并提高他们解决问题的技能。教师可以制作一份工作表来指导学生进行自我检查，包括以下问题。

1）我有没有列出我能想到的所有问题？

2）我是否充分解释了为什么每个问题都是一个真正的问题？

3）我做了什么来进一步了解每个问题？

4）我是否选择了最重要的问题？

5）我是否使用了灵活的思维来提出解决方案？

6）我是否解释了每种解决方案对问题的应对策略？

7）我的标准在多大程度上确定了明智而有益的解决办法？

8）我是如何选择解决方案的？

9）我做过高质量的工作吗？为什么做或为什么不做呢？如果没有，我能做什么来修改和改进我的工作?

教师可以通过使用“为什么”和“如何”这两个词的提示来提高学生的思考与反思能力。例如，问：“你怎么知道到目前为止你在这个过程中做了最好的思考？”当学生回答时，接着问：“你为什么……”这可以引导学生更仔细地考虑过程并强化他们的表现。

如果解决方案不是最好的，那么花时间设计实现计划就没有意义了。学生习惯于在过程结束时进行评估，他们可能不认为这一步很重要，但这是非常重要的且没有商量余地的。这一步让学生有机会在完成这个过程之前修改他们的工作并重新审视他们的决定。

6.2.4 第三部分：执行

在第三部分的问题解决过程中，学生们考虑什么样的资源、材料、方法和技能能够成功地实现他们的解决方案。学生们将一张纸折叠成四份，并将每个需求分类写在这一栏的顶部。他们运用发散思维对每个话题进行头脑风暴，并把它们放在正确的专栏中。当他们对从极其重要的到不那么重要的每一个专栏组织他们的想法时，他们使用聚合思维。学生们要确保他们最重要的想法能在他们的最终计划中实现。

在实施阶段的第二步，学生们考虑环境：他们创建三个网络和头脑风暴与“时间、地点和人”相关的想法。强调每个网络的最重要的想法，迫使学生考虑在他们的实施计划中包括或说明这些信息。

最后，学生将他们的想法转化为行动计划。实施计划规定了成功实施所需要的条件：需要采取的步骤和时间、由谁负责不同的方面、他们需要做什么，以及其他任何能够成功实施的事情（如材料、资金）。该计划还应帮助学生评估他们实现目标的进展情况。不管计划是实际执行的（如学生建立一个模型或进行一个实验），还是只是想象，制订计划可以让学生看到他们的解决方案是否可行。

和前面的部分一样，教师可以开发模板或图形组织来帮助学生管理他们的解决方案的开发和实施。计划本身的细节和它的呈现因内容领域、学生年龄和老师对整个单元的时间投入而不同。但是，可以把这一步看成在课堂上增加创造力的机会，让学生以一种不同于写作的方式来制订计划。例如，低年级学生可以创造数字故事来解释他们的解决方案和实施计划。对于高年级学生，小组问题的解决作业可能包括用多媒体展示他们的想法和如何实现他们的解决方案。

6.2.5 反思和自我评估

在这个过程的最后，学生进行反思和自我评估，他们评估计划的制订、解决问题的能力，以及他们是否有效地传达了他们的想法。这种反思也让老师有机会提供反馈和见解。当然，教师与学生的联合评估（以表 6.3 为例）应该基于之前提供给学生的指导方针。

表 6.3　创造性问题解决过程评价

教师评价

类别	一般	好	很好	非常好
解决方案是详细的				
解决方案是经过深思熟虑的				
解决方案似乎解决了这个问题				
解决方案可以有效地传达给听众				

教师评语

学生自评

类别	一般	好	很好	非常好
解决方案是详细的				
解决方案是经过深思熟虑的				
解决方案似乎解决了这个问题				
解决方案可以有效地传达给听众				

关于我的解决方案和我在项目中的工作，我最喜欢的是

我会有不同的做法

是什么使这“过头了”

6.3　跨内容领域应用创造性的问题解决

创造性的问题解决可以应用于任何内容。在每个内容领域都有需要处理的问题和需要解决的问题。

在读写单元，创造性的问题解决帮助学生获得更深的理解。利用作者创建的结构，读者学会寻找细节，并看到文本中的模式（并从中得出结论），以便解决故事中的问题。读者通过解决问题的过程，在人物和事件之间建立联系，并经常与自己的生活相联系。

在数学中，教师可以利用创造性的问题解决来帮助学生理解意义是由数字和运算构成的。解决问题的方案可以帮助学生使用物理或抽象的表示来理解数学概念。学生可以设计和收集调查，分析数据和共享结果，或创建模拟和实验，并在创造性问题解决过程中显示相关数据。

在科学领域，创造性的问题解决帮助学生探索水对地球表面的影响，解决有限的能源资源和我们的全球能源需求问题，或者评估一个物种的生存机会。

在社会研究中，这一过程可以应用于研究政府、历史、地理、文化和经济学。学生可以学习公民与政治的关系，解决与权利、责任和国际关系有关的问题，思考历史单元中的“如果”，或研究人类如何与环境互动。在经济学单元中，教师可以使用基于问题的学习方法，根据消费者经济学、国际贸易和全球相互依存等主题提出一些情境，并将这些情境与涉及个人金钱决策的情境联系起来。

6.4 基于标准的活动中的创造性问题解决

大多数“典型的”课程都可以适应和融入创造性的问题解决方法。表 6.4 显示了在处理我们前几章中讨论过的内容标准时，如何包含这个过程。

表 6.4 在基于标准的活动中创造性地解决问题

CCSS 的关键思想和细节	创造性问题解决的提示和产品
通过提问和回答问题展示对文本的理解，明确地将文本作为回答的基础 文本：《又丑又高的萨拉》（MacLachlan，1985）	在故事中，萨拉相貌平平，个子高高的，解决了雅各布没有妻子的问题。尽可能提供对文本的引用 产品：创造性问题解决的模板和讨论
在解释文章内容以及从文章中推断出的内容时，准确引用文本（RL.5.1） 文本：《雾》（Sandburg，1916）	解决雾气的问题 产品：创造性问题解决的模板和讨论
使用位置值，到小数点后的任何地方（5.NBT）	苏西（Suzie）不明白为什么要学习位置值。她知道如何使用小数。为什么她需要知道小数与位置值的关系？确定这是谁的问题，以及如何解决问题 产品：创造性问题解决的模板

续表

CCSS 的关键思想和细节	创造性问题解决的提示和产品
创建描述数字或关系的方程——用两个或多个变量创建方程来表示数量之间的关系；以方程作图，坐标轴上带有标签和刻度（HSA-CED.A.2）	珍妮丝（Janice）喜欢早上睡到很晚，她哥哥喜欢早起。他们的父母睡在他们之间。这造成了一个问题。找出问题并解决它。因为珍妮丝的爸爸是一个数学教授，他想让这个问题通过变量、图形和方程的逻辑解决，这给这个问题增加了额外的挑战 产品：创造性问题解决的模板和相关的数学图形
引用有力而彻底的文本证据，以支持对文本的明确表述，以及分析从文本中得出的推论，包括确定文本在哪些方面使问题变得不确定（RL.12.1） 文本：济慈的《希腊古瓮颂》——“美就是真，真就是美，这就是你们在地球上所知道的一切，也是你们需要知道的一切”	解决了古瓮上人的形象不受时间限制和时间冻结的问题 产品：创造性问题解决的模板和讨论

资料来源：National Governors Association Center for Best Practices and Council of Chief State School Officers，2010a，2010b。

高中文化实例中提出的问题相当抽象。瓮上的人物是如何在时间上自由同时又被时间冻结的呢？这些数字的问题是什么？这个问题如何解决？如果学生认真对待这个问题，解决问题的过程可以帮助他们以一种复杂的方式深入思考人类的处境。教师可以通过在评估他们的解决方案时使用特定的语言作为标准，鼓励学生进行深入的思考。教师也可以使用评分标准来评价基于逻辑推理、批判性和创造性思维的课程。

当在数学中使用创造性的问题解决方法时，教师通常会考虑如何要求学生真正展示他们对数学概念的了解。在五年级的数学例子中，提示语反映了老师在数学课上经常听到的一个常见问题：“我为什么要知道这个？”把它设置成一个问题场景，可以帮助学生发现数学概念与自己生活的相关性。同样，八年级的例子将内容与学生的生活联系起来，并演示了如何轻松地将一个简单的计算示例转换成一堂基于问题的课程。

通常情况下，一门包含创造性问题解决的课程比一门典型的课程要多花一点时间，所以老师们可能会选择每个教学单元上一次这类课程。把这个过程作为课堂活动的一部分将使学生受益。

6.5　以创造性问题解决为目标设计课程

虽然一些包含创造性问题解决的课程可以在一个课时内完成，但是如果学生正在进行广泛的研究、探索问题和解决方案，那么教师就需要相应地进行规划。较长的项目可能会导致学生陷入课程的泥潭（尤其是那些通常很容易感到厌烦的学生），因此教师可能需要在课程中嵌入激励技巧来保持学生的兴趣。不喜欢写作或写作困难的学生可以被允许用录音或视频记录他们的回答。根据学生能力、兴趣、学习概况和学生偏好的认知风格（见第 1 章的讨论）进行区分，有助于保持学生参与的积极性。

表 6.5 说明了如何设计一个包含创造性问题解决的课程。在这种情况下，三年级的学生用他们在气象部门学到的知识来解决飓风造成的土地破坏问题。他们已经了解到人们已经尝试了各种方法来尽量减少飓风破坏的影响。现在，人们期望他们创造性地想出一种更有效的方式。老师通过向学生播放 YouTube 视频（Herby，2005）来吸引学生并为即将到来的课程做好准备，然后通过玩一个游戏，让学生成为飓风不同方面的“专家”并回答问题。

表 6.5　设计一课：创造性地解决问题

确定内容、主题、副主题、技能、概念	CCSS 处理： 3-ESS3-1； RI.3.1； RI.3.9； W.3.1	主题： 天气条件； 天气仪器； 天气预报； 恶劣天气	副主题： 温度； 风； 云； 降水； 气压； 湿度； 凝结； 蒸发； 晴雨表； 风速计； 大气	技能： 批判性思维——因果关系； 创造性问题解决； 工程设计； 数字故事
核心问题	为什么了解恶劣天气的原因和影响很重要？			
评价	总结：题目，自我评估			

续表

<table>
<tr><td>区别</td><td>能力：可读性水平较低的网络资源；修改解决问题的步骤数量</td><td colspan="2">兴趣度：技术——数字故事叙述</td><td>认知风格：使用的图片</td></tr>
<tr><td>“勾住”学生的兴趣</td><td colspan="4">老师给学生看了一段 YouTube 视频，是关于卡特里娜飓风的（Herby，2005）
我已经知道答案了。谁有问题？来回顾一下内容信息</td></tr>
<tr><td>课程设置</td><td>教师评论 / 扩展内容：老师和学生们一起回顾风、降水和潮汐在飓风影响过程中如何影响陆地</td><td colspan="2">老师回顾思考过程：老师提醒学生们上节课利用创造性解决问题的过程，并告诉他们将再次利用这个过程来帮助他们解决飓风对土地的影响问题</td><td>教师回顾产品的形式：老师向学生展示产品的形式——描述或展示他们的解决方案的问题解决模板和数字故事；老师和学生一起复习课文，这将帮助他们评估他们的作业并回答任何期望的问题</td></tr>
<tr><td rowspan="2">活动</td><td colspan="2">介绍及程序，第 1 天：学生小组根据他们从老师给出的网站中学习到的信息来开发问题概念网。老师希望学生们通过创造性的问题解决过程来参考网站。在第 1 天，他们将完成概念网络，并确定首要的问题。老师告诉学生们，他们将利用创造性的问题解决过程来解决飓风造成的土地破坏问题</td><td colspan="2">程序，第 2 天：小组继续他们的工作，对他们在第 1 天确定的问题进行头脑风暴和研究解决方案，应用标准并选择问题的解决方案。学生们暂停并反思他们的工作，讨论解决问题的过程，并对他们的模板进行必要的调整</td></tr>
<tr><td colspan="2">程序，第 3 天：小组为他们的解决方案制订实施计划，然后用数字故事叙述的形式对他们的解决方案进行演示</td><td colspan="2">程序，第 4 天：小组在课堂上展示他们的解决方案并回答问题</td></tr>
<tr><td>评价</td><td colspan="4">学生根据项目大纲完成自我评估，然后与老师讨论他们的表现并得到反馈</td></tr>
</table>

注：阅读和写作标准来自 CCSS（National Governors Association Center for Best Practices and Council of Chief State School Officers，2010a）；科学标准来自《下一代科学标准》（Next Generation Science Standards）（NGSS Lead States，2013）。

在这一点上，学生们被分成小组，并开始一起完成创造性解决问题的过程。这个特别的课程包含了促进合作工作的一个数字故事叙述项目。不同的学生必须承担（或被指派）不同的角色，以便更有效地完成这部分作业。一些学生做剪贴画，一些学生写对话和文字，一些学生处理布局，还有一些学生练习口头表达小组的解决方案。学生的最终反思和自我评价包括对他们在小组项目中的个人角色的描述。

同样的课程也可以在一天内被改编完成。老师没有播放视频来吸引学生，而是展示了一幅飓风肆虐的图片。课堂上不要“询问专家”，而是列出学生所知道的。当老师把他们的想法记录在黑板上时，学生们就问题进行头脑风暴，然后全班投票选出三个最好的想法。他们集思广益，把解决方案缩小到三个。老师提供了两个标准，学生们又产生了两个想法。班级对解决方案进行评估，确定最好的解决方案，并生成一个实现计划。学生在读写阶段（或作为家庭作业）独立创建数字故事，演示解决问题的方法，与同学分享他们的故事，并完成自我评估。

创造性地解决问题是学校、工作场所和生活中的一项重要技能。除非学生们接触到这样的模型，否则他们不一定会考虑全局性的问题。如果他们不实践创造性的问题解决过程，他们可能会发现一个表面的但不一定是需要解决的问题。如果不提醒学生在尝试解决问题之前停下来收集额外的信息，许多学生便不会这样去做。如果学生在选择方案之前没有进行头脑风暴，他们很可能会选择第一个出现在脑海中的方案。如果学生在执行决定之前没有停下来反思他们的决定，许多人就会匆匆完成任务。

并不是所有的问题都需要一个循序渐进的过程。对于学生来说，意识到创造性地解决问题只有在他们真正需要思考问题的时候才有帮助，这是很重要的。当学生使用这个过程时，他们实际上是在回顾内容；除非他们知道和理解内容，否则他们不能有效地应用这个过程。创造性的问题解决过程使学生的思维超越了往常和已有，并要求他们使用所有的创造性思维技能（即流畅性、灵活性、原创性和详尽性）。他们必须能够在发散思维和收敛思维之间来回移动。通过参与和实践这一过程，学生们开始明白创造性的问题解决是一个逻辑的、理性的过程，可以使自己和他人受益。

本章末尾的“抓取并执行”策略，可以用于创造性问题解决过程的第一部分或第二部分。其他章节中包含的许多“抓取并执行”策略也可以在这里使用；一个特定的策略被放在一个特定的章节中，并不意味着它不能在不同的章节中使用。

反思和扩展章节信息

1）描述决策、解决问题和创造性解决问题之间的区别。你会在什么时候使用它们？

2）是否所有的学生都应该在学校学习并能够使用创造性解决问题的过程？为什么？

3）你认为在你的内容领域内教授一种生活技能，如创造性地解决问题，有价值吗？如果有的话，你认为这种类型的活动也能满足你使用的课程标准吗？

4）为什么不仅要在课堂上使用创造性的问题解决方法，还要以元认知的方式处理这个过程呢？

5）你是否认为创新的过程和创造性解决问题的过程在本质上是程序化的（创造力路径 3），在促进创造性思维方面比“创造力路径 2”中强调的个人策略更有效？为什么？

1.“抓取并执行”策略 #36：生成问题的提示

就像其他的“抓取并执行”策略一样，使用特定的问题可以帮助学生处理创造性问题解决过程的第一部分或第二部分。这种创造力路径 2 策略可以用于头脑风暴问题或解决方案。这个活动要求学生提出与内容相关的问题。老师提供了一些一般性的问题，例子如下。

1）这个问题（或解决方案）对不同的人意味着什么？

2）我有哪些信息来源可以帮助我了解这个问题（或解决方案）？

3）已经尝试了什么？

4）是什么吸引了我对这个问题（或解决方案）的注意？

5）我对这个问题（或解决方案）有什么看法？

6）什么可能会阻碍这个问题（或解决方案）的解决？

学生们回答一般性的问题，使其内容具体化。例如，“这个问题对不同的人意味着什么？”改变为“污染问题对科学家、消费者或汽车制造商意味着什么？” 学生们继续将一般性问题转换为提出尽可能多的与内容相关的问题。只有通过筛选大量的可能性，我们才能看到模式并确定关系。在头脑风暴时，让学生们的想象力尽情发挥。

2. “抓取并执行”策略 #37：你来判断

这个创造力路径 2 的活动支持学生缩小可能性范围并做出最佳选择。这是一个全班级的活动，为学生提供了一个机会，处理第一阶段或第二阶段的创造性问题解决过程中的决定。

当通过课堂讨论来确定问题或解决方案时，课程将前三种选择缩小为两种选择。老师把班级分成两半，一半的人支持一种选择，另 半的人支持另 种选择，然后每一边被进一步分成四小组。每组四人都列出他们的原因，说明为什么认为他们的问题是首要问题或者为什么认为他们的解决方案是最好的。一旦列出了他们的理由，学生们就会把他们的理由从最重要的到最不重要的排序。时间一到，老师就从一边找出一个学生，提出一个最好的观点，然后另一边也这样做，直到每组四人中至少提出 2 ~ 3 个观点。最后，学生评委根据同一原因的回答数量和推理深度（标准）来选择最佳答案。“败诉”一方可以对“判决”提出“上诉”，在这种情况下，“法官”必须为自己的“判决”辩护。如果发生争执，判决权将转移到“最高法院法官”（老师）那里。

第 7 章 创造力和评估

意识到什么才是最重要的

评估会扼杀创造力吗？“视情况而定”（Beghetto，2005）。我们可以在课堂上使用评估和反馈来有意识地发挥创造力（Kaufman et al.，2008）。我们通过确定课程中的创造性思维部分，与学生一起回顾课程，必要时进行建模，并提供标准来指导预期的思维水平和评估表现，来帮助学生理解如何提高他们的表现力。

这种评估不仅仅是衡量成绩，还可深入了解学生的创造力和创新思维能力。仅仅在我们的教案中包含创造性活动是不够的。评价是促进学生元认知或思考的必要手段。当学生能够告诉教师他们使用了什么策略来帮助他们思考许多不同的想法，或者为什么他们选择了他们确定的解决方案时，他们就是在使用元认知。当学生意识到他们在使用创造性的问题解决和创新过程时，就说明他们会使用元认知。

7.1 评估反馈

反馈的目的是激励学生，提高他们的参与度，促进理解和评估学习方法。将建设性的反馈纳入我们的评估中，有助于实现这些目的。当反馈是形成性的、频繁的和具体的时，反馈将鼓励改进。William（2011）认为反馈使学习速度加倍；Hattie（2009，2012）的综合研究认为“反馈对学生学习的影响最大”。然而，应该注意的是，有时给出分数或分配分数会否定反馈中给出的建设性意见。在一项研究中［Butler，1988，由 William（2011）引用］，只收到评论（没有分数）的学生比收到评论和分数的学生在以后的类似任务中表现得更好；后一个小组忽略了评论，只看了分数，对分数的关注否定了反馈的力量。

表扬会“妨碍学生收到关于任务和表现的反馈”［Skipper and Douglas，2011，由 Hattie（2012）引用］。当我们和其他反馈信息一起给予表扬时，学生有时只听到表扬。如果表扬罕见、可信、具体、真实，那么它会更有效［Brophy，1981，由 William（2011）引用］。表扬的质量比数量更重要。最好在任务完成后给予表扬，如果在正在进行的过程中给予表扬，就会转移对任务的注意力。在涉及特定标准的具体表现时，表扬是最有效的。

Kluger 和 DeNisi（1996）针对不同类型反馈效果的研究的元分析显示，有效的反馈回答了这些问题：“我要去哪里？我怎么走？接下来去哪里？”（Hattie，2009）。例如，在一堂二年级的识字课中，老师总是让学生想出许多不同的方法来解决故事中的问题。学生们知道他们要去哪里：他们被评估流畅性（有多少想法）和灵活性（有多少不同的想法）。老师为哈利提供反馈，告诉他做得怎么样：她指出，他在 9 月的一篇报道中提出了 5 个不同的解决问题的想法，11 月又提出了 12 个不同的想法。她向哈利强调，这表明他的创意能力有所提高。她鼓励哈利继续这种趋势，告诉他下一步该怎么走。老师给安妮的反馈意见也增加了安妮的创意数量，不过重点是增加她创意的多样性，因为她的创意都是相似的——具体建议安妮如何在灵活性方面提高她的创造力。在这种情况下，老师就像一个教练，在特定任务上提供提示和鼓励。

反馈的时机至关重要。“如果反馈过于迅速，学生就会依赖老师提供答案，而不是坚持自己解决问题”［Bangert-Drowns et al.，1991，由 Goodwin 和 Miller（2012）引用］。在学生学习新知识时给他们提供反馈有助于防止他们形成错误的观念。在学习达到一定的程度后，学生在练习或应用内容时，在得到老师的反馈之前，应该有时间进行自我评估和自我纠正。学生的自我评估（尤其是错误检测）可以通过将注意力集中在他们的思维过程上来提高他们的元认知能力。学生应该评估自己的努力程度、专注程度和完成任务的时间——而不仅仅是能力。老师在自我评估中的角色是通过问学生一些问题来指导他们，如“你有没有尝试过什么策略”或者“你如何能更明智地利用你的时间”。

为学生提供反馈确实需要时间。然而，我们不需要对所有需要改进的地方进行评论，关注 2 ~ 3 个要点仍然对学生有帮助。仅仅提出一个改进的建议，以及评论一个学生的优点就会提供有效的反馈。老师们甚至可以创造出可供使用的反馈条，指出一个或两个做得好的领域，三个需要改进的方面，以及一个改进的建议。

另一种提供反馈的方式是与个别学生进行三分钟的会议，而其他学生则参与课堂活动或安静写作或研究。在某些情况下，老师会在咨询期、准备期，或课前或课后向学生提供反馈。教师还可以与需要相同反馈的学生小组见面。在私人会议上，用语言赋予学生力量，让他们知道他们可以控制自己的学习。学生应该明白，如果他们听取并应用反馈，他们的成绩就会提高。学生需要感觉到他们对自己的学习有控制权（自主性），也需要看到努力是如何得到回报的。认识到即使失败了努力也有收获，能帮助学生形成对参与学习至关重要的成长心态（Dweck，2006）。

教师通过提供有价值的反馈来节省时间。Fisher 和 Frey（2012）建议修正错误而不是误解，误解只是简单的误解，并不反映缺乏知识，学生可以纠正误解。然而，根据 Fisher 和 Frey 的观点，错误是不同的：它们影响学习。Fisher 和 Frey（2012）发现了四种类型的错误。

1）事实错误：反映出缺乏知识或理解。

2）程序性错误：指学生知道并理解了内容但不能应用的错误。

3）转换错误：指学生错误地将内容信息应用到新情况中。

4）概念错误：指学生根据不正确的内容信息形成想法。

当学生进行创造性思考时，他们会运用已知或已学过的内容，并通过考虑可能性、选择和解决方案来扩展他们的知识。如果他们的知识不准确，或者他们错误地应用信息，就会影响他们的创造性思维能力。

教师可以使用各种各样的技术工具来提高反馈体验，这也有助于简化教师的流程。Hattie（2012）关于有效反馈的研究包括使用专门针对目标的计算机辅助教学反馈。教师可以使用技术为学生生成电子邮件信息或反馈文档（参见“抓取并执行”策略 #38），通过维基百科或电子日志对学生的工作进行评论，或者使用程序 My Access（Vantage Learning；见 www.vantagelearning.com/ products/my-access-school-edition），根据设置的标准生成反馈。

7.2　将创造力与内容联系起来

内容和创造力之间有一种共生关系：除非你有什么需要创新的东西，否则你就不可能有创造性。在评估学生的回答时，重要的是要弄清楚学生是犯了错误还是误解。学生缺乏内容知识吗？学生不能应用内容知识吗？或者学生需要更多的创造性思维练习？确定这个问题的一种方法是在知识、理解或应用层面用一个创造性思维动词代替一个动词（见第 3 章关于用创造性思维动词代替关键动词的讨论）。

例如，作为板块构造研究的一部分，学生们根据消除通常导致板块移动的条件来写一个场景。当学生没有反应时，老师让他们列出导致板块移动的条件。如果学生能够正确地回答问题并制作一个列表，那么挑战就是创造性的扭曲，学生们无法灵活地思考这种情况。他们可能无法想象消除这种情况的影响。只有当我们知道学生遇到困难的原因时，我们才能有效地指导他们。

无论学生是在创造性思维过程中挣扎，还是在内容本身中挣扎，支架线索的提示都能帮助他们摆脱困境；教师可以提供线索或部分答案来帮助学生完成他们的回答。Day 和 Cordon（1993）[由 William（2011）引用] 研究了一组三年级的学生，其中一半的学生在被卡住的时候接受了支架线索的提示，另一半则得到了完整的解决方案。得到支架线索提示的学生比完全得到解决方案的学生学得更多，并且保留解决方案的时间更长。

跟踪那些在创造力方面需要帮助的学生也能帮助老师确定学生犯了什么类型的错误。教师可以使用图表来跟踪哪些学生在哪些技能上有困难；这张图表应该列出老师正在融入的所有创造性领域（即流畅性、灵活性、原创性、详尽性、想象力、创新性和创造性解决问题的能力）。这种类型的数据可以帮助确认或反驳学生的主观印象，也可以帮助确定学生的个人或群体模式，以指导教师的教学框架和对材料的区分。

7.3　确定创造性学习目标

Wiggins(2012)将反馈描述为“关于我们如何努力实现目标的信息”。有效的反馈要求学生有一个目标，采取行动来实现它，并就他们的进展收到与目标相关的反馈。如果学生知道目标是什么，那么建设性的反馈对他们来说是有意义的；否则，反馈只是告诉他们该做什么（Brookhart，2012）。

创造性的学习目标应该是“关于学生将知道或将能够做什么的陈述”（Marzano，2009），而且应该针对课程中的内容、思维过程和产品。在向学生展示目标时，将思维能力与内容联系起来，然后确定产品形式。例如，创造性思维课“学生将通过制作音频、视频或多媒体描述来展示对相应年级的文本的理解，并评论彼此的表述”改编自 CCSS 的英语语言艺术标准（RI.7.7；NGA Center，2010a）中，要学生比较和对比格式、分析媒体的要求。这个创意课，老师将提供反馈目标：解释文本，创建一个产品（音频、视频或多媒体版本），并评论其他产品。这给了原始标准一点创造力的提升：学生仍然需要对文本进行分析，但他们可以创建一个原始的产品，让他们以自己的方式展示他们所知道的东西。

当动词变化时，目标的焦点就改变了。表 7.1 说明了如何根据学术标准重新制定目标，以纳入更高层次的学习和创造力。

表 7.1　创造性的学习目标

标准	目标	采用标准	目标
将文本与文本的音频、视频或多媒体版本进行比较和对比，分析每个媒体对主题的描述（如演讲是如何影响语言的）（RI.7.7）	内容：文本和媒体结构；主题描述	创建一个音频、视频或多媒体版本的主题适当的文本	内容：文本和媒体结构；主题描述
	思维过程：比较与对比；分析		思维过程：创建；分析
	产品：报告		产品：介质选择
使用可视化的分数模型和方程式来表示一个问题，这个问题涉及分数的加减，并且有相似的分母（4.NF.B.3d）	内容：分数的加减运算；分数模型和方程	通过使用可视化的分数模型和方程来表示问题，创建涉及具有相似分母的分数的加减的文字问题	内容：分数的加减运算；分数模型与方程
	思维过程：解决		思维过程：创建
	产品：工作表		产品：文字问题

资料来源：National Governors Association Center for Best Practices and Council of Chief State School Officers，2010a，2010b。

学习目标是建立在标准上的，是我们期望学生知道并能够做的一切事情的基础。学生需要意识到他们的创造性学习目标，这样他们就知道他们应该学习什么技能，以及他们将如何被评估。我们指定创造性学习目标的方式是与学生谈论这些目标，并将它们纳入我们的作业规则中。

一些教师在使用一种量规来指导学生学习的同时，也根据能力、兴趣、学习概况（Tomlinson，1999）和认知风格（见第 1 章的讨论）对学生进行差异化教学 。为了确定学习困难的学生是否达到了他们的学习目标，教师可能会调整他们的评估方式。教师可以要求学生回答更少的问题，写更短的答案，或记录他们的答案。如果学生参与同一个课程并对同一个提示做出响应，他们可以使用相同的标题（Southern Maine Partnership，2005）——即使他们阅读了不同的材料或创建了一个修改后的产品。在为创造性学习目标制订规则时，要记住思维过程和技能（除了内容和产品）是重点。

7.4　运用评估工具

虽然教师们通常不喜欢评估创造性思维，因为他们觉得这太主观了，但是有一些评估工具可以在为学生提供有效反馈的同时，将主观性降到最低。标准参照型创造力测试，如为“天资无限思维技能”（talents unlimited thinking skills model）模式而设计的测试［见 Mobile County Public Schools（1974）］，提供了流畅性、灵活性和原创性的分数。标准化的发散思维测验［如 the Torrance tests（Torrance，1987b）］也是为了单独评估创造力而设计的；也就是说，它们与内容无关。它们可以帮助评估学生的流畅性、灵活性、原创性和详尽性。

然而，大多数老师对执行创造性标准化测试或标准参照型测试都不感兴趣。大多数老师甚至只是对给学生更多的测试就不感兴趣。他们想要的，也愿意使用的，是一种易于使用、提供有效反馈和所花费的时间最少的评估工具。

7.4.1 量　规

好消息是，我们已经使用的准则可以很容易地用于评估创造力。我们的大纲已经明确了课程的内容和成果；实际上，教师只需要在他们现有的主题上加一行或多行就可以解决这个问题。教师可以使用一个量规来评估创造性思维技能或创造性思维过程。表 7.2 提供了一个量规示例；每一行都涉及四种创造性思维技巧（即流畅性、灵活性、原创性和详尽性）和两个过程（创新和创造性问题解决）。

表 7.2　量规：评估创造性思维和过程

创造性思维能力或过程	不太好	好	很好	非常好
流畅性	一个或没有合适的想法	有几个合适的想法	有一些合适的想法	有许多合适的想法
灵活性	有一两种不同的想法或变化	有少量的不同想法或变化	有一些不同的想法或变化	有许多不同的想法或变化
原创性	利用别人的想法	有少数独到的想法	有一些独到的想法	有非常独特和（或）不寻常的想法
详尽性	很少的描述	有少数支持事实的内容	细节，包括描述性语言和深入的理解	非常精细的；能够绘制出一幅画的

续表

创造性思维能力或过程	不太好	好	很好	非常好
创新	计划和组织一个普通的想法有困难；无法执行它	使用一个框架来计划和组织一个有创意的想法；能够产生它	使用一个框架来计划和组织一个新颖而合适的想法；能够产生它	使用一个框架来计划和组织一个新颖、合适、更有效和有价值的创新想法；能够产生它
创造性问题解决	不适用问题解决过程	使用有错误和(或)无效思维的问题解决过程	运用包括批判性和创造性思维的问题解决过程	使用问题解决过程产生复杂的、不寻常的解决方案

如前几章所述，当我们调整或修改课程计划以融入创造性思维技能和过程时，我们还需要调整或重新设计这些要素。表 3.1 说明了如何在基于标准的课程中培养创造力。表 7.3 提供了基于《又丑又高的萨拉》的小学三年级识字课上的创造性思维技能的样本量规（MacLachlan，1985）。当你专注于思考技巧的时候，你可以单独使用量规，通过修改描述符来匹配课程的内容，或者使用量规来帮助你创建一个新的完整的课程大纲。

表 7.3　基于标准的创造性思维技能活动样本

创造性思维技能	不太好	好	很好	有所超越
流畅性：小组学生头脑风暴，列出萨拉生活中为她成为母亲做准备的所有情况。他们提供参考的文本，以支持他们的想法，并创建一个图形辅助工具	未列出或仅列出了1种情况；不相关或不合逻辑	列出的 2 ~ 3 种情况是符合逻辑的，但不是很相关	列出的 4 ~ 5 种情况是合乎逻辑和相关的	6个或更多的想法；有些情况显示出不寻常的逻辑想法
灵活性：小组学生讨论并列举了如果萨拉是一个刻薄的母亲，故事会有怎样的不同。他们提供了故事情节中可能发生变化的文本，并讨论这些更改将如何影响整个故事情节发展	未列出或仅列出1个效果；没有因果思维的论证	列出 2 ~ 3 个效果；一种不同类型的影响；主要是论证因果思维	列出 5 个效果；少数不同类型的影响；所有这些都体现了逻辑思维、因果思维	列出 6 个或更多的效果；许多不同类型的影响；一些人展示了不同寻常的、合乎逻辑的想法和效果
原创性：小组学生开发了一种适合于寻找妻子而非广告的独特流程。他们提供了故事情节中可能发生变化的文本，并讨论这些将如何影响整个故事情节发展	1 ~ 2 个想法，其中 1 个可能不符合上下文	3 ~ 4 个共同的、符合实际情况的想法	5 个想法，其中 1 个是突出的，所有的想法都符合上下文	6 个或更多的想法，其中 2 个是不寻常的或独特的，所有的想法都符合上下文

续表

创造性思维技能	不太好	好	很好	有所超越
详尽性：萨拉从未结过婚，也没有自己的孩子。在小组中，学生们讨论为什么照顾别人的孩子对她来说是一个挑战，并创作出提炼他们想法的书面产品。他们引用文本来支持他们的观点	未列出或仅列出 1 项挑战，且不相关或不合逻辑；在其书面总结中没有详细说明	列出的 2 ~ 3 个挑战是合乎逻辑的，但不是很相关；在他们的书面总结中包含了 1 个或 2 个挑战的细节	列出的 4 个挑战是合乎逻辑和相关的；在他们的书面总结中包含的 3 个或 4 个挑战的细节相当生动，增加了读者的理解深度	列出的 6 个或 6 个以上的挑战展示了不寻常的想法，它们是合乎逻辑和相关的，并且学生的书面总结中的细节具有高度的表现力和影响力

资料来源：MacLachlan，1985。

在建立创造性思维学习目标的规则时，教师必须明确表达，如流畅性（即产生许多想法）是否作为唯一重要的标准，或者是否也要考虑答复的质量。随着学生越来越擅长创造性思维，反应的质量、证据的数量和质量、创新能力和展示推理的能力都可以整合到一个主题中。

在量规中使用与创造力相关的共享词汇是很重要的。这意味着包含创造性思维动词，如生成、连接、关联、设计、创建、生产、结构、详尽、修饰、预测、改进、替代——这些具有创造性过程的动词（更多有关使用创造性思维动词的信息，见第 3 章）。

对于创造性思维能力的培养没有固定的顺序，因此一些准则会从流畅性到灵活性到原创性，一些准则会从流畅性到原创性而不涉及灵活性。在任何情况下，都应该清楚地说明目标。还应该经常提醒学生们，他们的创意是有限度的，他们所有的创意都必须在语境、逻辑和理性上有意义；具有相关性和内容基础，并反映理解的深度。

在要求学生运用想象力和创造性思维技能的课程中，量规需要反映学生如何运用想象力。表 4.4 提供了一个基于内容的创造性思维技能和想象力相结合的例子。请注意，在那个量规中，细节的表达是一种表达想象力的方式。如果教师愿意，他们可以增加一个单独的想象标准，同时为学生提供关于他们使用流畅性、灵活性、原创性和详尽性的具体反馈。这样的标准可能反映的想法或细节是富有想象力的、不寻常的、象征性的、反思性的、鼓舞人心的、富有幻想的、有进取心的、有远见的

和 / 或理想主义的。

针对创新的课程设计规则必须反映多个创造性思维领域的参与（表 5.5）。除了产生多种创意想法之外，学生们在开发创新创意的同时，还应该注意产品的质量和独特性，以及过程本身和产品本身（创造力路径 4）。例如，一个三年级的班级正在阅读《又丑又高的萨拉》（MacLachlan，1985）；教师决定使用一个基于标准的提示，目标是创新思维（表 5.3）。为了帮助她的学生探索文本和深入思考，她要求他们“在故事中确定角色的需求，并创建一个创新的工具来满足需求”。表 7.4 提供了她将用来评估学生在这项活动中表现的标准（正如前面所讨论的那样，为学生的工作提供指导）。

表 7.4　以创造力和创新为目标的课程样本

课程内容	不太好	好	很好	有超越
通过文本引用确定需求	1 ~ 2 个明显的需求；文本引用 OK	3 ~ 4 个常见需求；文本引用 OK	5 个需求，有的常见，有的不明显；文本引用 OK	6 个以上的需求，有的常见，至少 1 个或 2 个独特或非常不寻常；文本引用 OK
创新过程	跳过步骤或步骤是不清楚的；没有创造性思维的证明	有基本描述的步骤；有最小限度的创造性思维的证明	完全描述步骤；有一些创造性思维的证明	详细描述步骤；有深入的创造性思维的证明
创新工具	结构破碎；目的不明	结构紧密但很混乱；目的明显但很普通	结构坚固，设计简单；目的有创新性	结构精巧而细致；目的复杂而又极富创新性

注：见表 5.3。

在制订以创新为目标的课程时，教师可以将过程中的每一步作为自己的标准，并具体指导学生如何完成每一步。如果老师觉得学生在整个过程中做得很好，那么可能就没有必要对步骤进行分解。反馈应该包括对学生们思考各种不同类型想法情况的评估，以及对他们运用标准来选择最好想法的情况的评估。在以创新为目标的课程中，对学生的能力进行评估，以确定他们的最佳想法和实施计划。学生在开发和测试他们的想法时，需要使用“如果”的思维，预测潜在的问题。评估学生对这一过程以及实际产品、创新设计的思考能力。当教师发现学生计划为某个产品做什么时，他们可以加入特定的标准，或者保留适用于各种产品的通用标准和性能指标（表 7.5）。

表 7.5 创新进程标准

过程和产品	不太好	好	很好	有超越
五步描述	5 个步骤，但是不完整	5 个完整的步骤；基本的回应；一些批判和创造性的思考	5 个完整的步骤；详细的回应；有批判性和创造性思维的证据	5 个完整的步骤；详细的回答显示出洞察力；深入的批判性和创造性思维的证据
创新设计	没有创新	很少的细节；尝试创新，但效果不佳	一些细节；呈现出创新	非常详细；明显的创新

在第 5 章中，我们讨论了一个包括小组和个人工作的课程。在这类课程中，学生们会自我评估他们的小组在创新过程中的表现。如果一个小组没有成功地产生想法，老师应该和他们一起集思广益，鼓励学生用他们知道的东西想出一些看似疯狂和遥不可及的想法。这可以告诉学生，有时一个遥不可及的想法可能会激发出一个更现实的想法；这种类型的头脑风暴也有助于放松他们的思维，这样他们就可以评估自己的想法，并开始关注什么可能是最好的选择。

7.4.2 质量评级表

质量评级表（QRS）（Curry and Samara，1999； Drapeau，2009）为评估学生的创造力提供了一种替代方法。质量评级表分解了思考过程中的步骤，并描述了每个步骤中的性能级别。质量评级表只能评估思考过程，或者也包括课程的内容和成果。质量评级表可以用于需要更多指导的特定学生，也可以用于整个班级。

与量规不同的是，质量评级表中没有描述最高质量的语言。没有向学生展示如何从一个层次的表现到另一个层次的进展，只有质量目标。

在某种程度上，一个量规可以让学生选择在比预期更低的水平上表现；一些学生会认为达到 3 分就足够了。

老师、学生，或两者都对学生在质量评级表上的表现进行评分，分值为 1 ~ 5 分。如果学生在某一特定领域得分较低，他们就有空间来表明下次他们打算做什么来提高分数。如果他们的分数都很高，学生们还是会选择一个他们下次要关注的领域（教师还需要注意学生是否在准确地给自己打分）。如果所有的标准都不是同等重要的，老师可以指定每个标准在总体任务中值多少分。

质量评级表的目的是给学生反馈和指导他们开发高质量的创造性想法。标准和质量反应描述既反映了目标创造性思维能力，也反映了课程内容。在开发质量评级表时，重要的是要包括创造力的共享语言，以便学生理解他们的期望和标准。

例如，在四年级的数学课上，老师要求学生们思考在现实生活中使用小数的一些不寻常的方法（4.NF.C.6； NGA Center，2010b）。这个想法扩展了他们对小数用法的思考。老师强调了这个词很多次，让学生知道流畅性是他们的目标创造性思维技能，并指出她正在寻找至少六种创造性回答。一个学生列出了电台的名称、重量、里程、电子邮件地址、网站地址、线性测量和数学问题。在质量评级表测试中（表 7.6），学生的流畅度得到了 5 分，尽管她的回答中并不是所有都是小数关系。由于她的两个答案（电子邮件地址和网站地址）是不正确的，准确性方面只得了 3 分，4 分给了不寻常的想法，因为很少有学生想到电台的名称。

表 7.6　样本质量评定量表与学生反应：流畅性 1

要素	能力	评分（1 ~ 5 分）	下一次……
内容：反映小数知识	想法是准确的； 想法是合乎逻辑的； 想法与提示相关	3	我需要放慢速度，更仔细地思考内容； 我需要检查我的答案以确保它们是正确的
思维过程：流畅性，很多想法	6 个以上想法	5	
思维过程：不寻常的想法	想法并不常见	4	
产品：列表	易读的	5	

质量评级表的美妙之处在于它有一个特定的焦点，使老师和学生能够辨别优点和缺点。这些知识可以帮助学生认识到下一次应该做什么来提高成绩，并帮助老师考虑需要什么样的框架来为学生提供他们需要的帮助。

质量评级表可以包括一些组件，如独立性和任务执行时间；这些类型的自我调节行为可以是班级质量评级表的一部分，也可以是一个学生个人评价的一部分。例如，一个六年级的理科学生正在探索杠杆和滑轮；在这一课中，老师希望以创造性思维和独立性为目标。教师要求学生创作一个杠杆和滑轮之间的独特的对话；学生将根据对话中提供的信息和表达信息的方式来评分。一个学生（表 7.7）给自己的对话内容打了 3 分，因为即使她的信息是准确的，并表明了观点，但是对话并不是特别幽默或独特。事实上，这位学生称自己的写作“无聊”。在从简单的报告信息到描述性写作的过程中，她需要帮助，这种“自知之明”向老师表明，下一次，她可能要得到具体的阐述策略的支持，如第 2 章中描述的策略。这个学生给自己的对话技巧和独立性打了 5 分，因为她懂得对话技巧，而且她是一个有能力的学生，总是专注于自己的工作。

表 7.7　样本质量评定量表与学生反应：流畅性 2

要素	能力	评分（1 ~ 5 分）	下一次……
内容：对话信息	有意义地传达内容信息； 信息是准确的	5	
思维过程：原创的和独特的	表达是独一无二的； 展示幽默	3	我的对话听起来很无聊，没有什么特别的地方
产品：对话技能	对话是正确的； 书面拼写是准确的； 语法是准确的； 足够吸引读者	5	
独立性	自己动手； 工作时间是专注的	5	

想象力很难评估，但学生运用特定策略获取想象力的程度是可以评估的。在评估一门侧重于想象力的课程时，使用共享的词汇并强调最终产品中细节的重要性。想象中常用的一个策略是形象化。在中学的一节课上，学生们正在研究米诺斯文明。老师要求学生闭上眼睛，想象一个男女平等相待的社会。她让他们想象这些人的服装、表情、活动等。当学生们睁开眼睛时，她让他们描述他们在想象中所看到的、听到的和闻到的东西，并把描述写在一篇三段的文章中。学生们完成作业后，填写了一份质量评级表。一个学生在内容方面给自己打了 3 分；他觉得自己对米诺斯人的了解还不够多，无法建立一个强有力的形象。他的描述也得到了相似的评价——他无法添加图像，而且他的产品缺乏细节。很难想象你所知甚少的事情。毕竟创造力始于知识。

当使用带有创新或创造性问题解决过程的质量评级表时，评级表反映了这个过程，过程中的每一步都有可能得分。例如，学生使用创造性问题解决过程的课程质量评级表可能包括以下内容。

1）识别问题——老师指出有多少问题是“很多”，这些问题必须在上下文或概念上得到解决，问题可能是字面意义上的，也可能是推断出来的。

2）选择一个问题——学生必须确定哪个问题是首要问题或最重要的问题。

3）确定解决方案——学生必须确定许多解决方案，既有真实的，也有虚构的。

4）选择一个解决方案——解决方案必须解决问题，具有最大的影响力，并且要在实际环境或概念上做到切合实际。

5）创建一个计划——计划是具体的，并可以分步执行。

创造性思维课程通常包括创造性产品（创造力路径 4），它可以是口头的、书面的、视觉的、动觉的或基于技术的。表 7.8 列出了不同类型的创意产品。质量评级表也可以用来评估创造性产品；在这种情况下，它将描述产品的需求，并评估学生如何在实际产品形式中应用创造力。例如，如果老师要求学生为一个已知的旋律创作歌词，那么质量评级表的标准将关注歌词的创造性和意义。在这样一个项目中，创造力可以通过歌词与旋律的配合程度和对歌词的巧妙运用来评估。

表 7.8　创造性产品

口头的	书面的	视觉的	动觉的	基于技术的
演讲 / 展示； 对话； 课程； 歌曲或说唱； 新闻广播 / 电视评论； 诗歌朗诵； 讨论； 采访 / 问答； 辩论； 说明； 口头报告； 讲故事； 开玩笑	评论文章； 综述； 剧本； 修改结局； 报告 / 文章； 故事问题； 日志； 书信； 期刊； 短篇小说； 荒诞的故事 / 神话； 社论； 诗歌； 问卷调查； 方案	动画片； 时间线； 图像式思考辅助工具； 海报； 略图； 书籍封面 / 小册子； 备忘录； 设计 / 绘图； 流程图； 插画； 广告； 车尾贴； 专题摄影； 标签照片； 幻灯片； 地图； 壁画； 绘画； 交换卡	活页片游戏； 猜谜游戏 / 运动游戏； 拼贴画； 示范； 博物馆展览 / 展示； 实验； 棋盘游戏； 木偶剧； 发明物； 手机； 滑稽短剧 / 游戏 / 角色扮演； 游戏竞赛节目； 模特儿； 寻宝游戏； 3D 立体书； 博物馆盒	电子游戏； 电子实地考察； 填字游戏； 分享写作 / 协作讲故事； 字符剪贴本； 假的 Facebook 页面； 幻灯片演示； 博客； 动画； 互动时间线； 曲线图； 网络 / 多媒体海报； 图画小说； 词拼贴 / 云

从另一方面来讲，视觉产品有时只需要很少的文字，甚至不需要书写，尽管它们仍然需要学生理解内容。视觉产品是一种很好的方式来支持、鼓励和认可那些在写作方面有困难的学生，或者是英语学习者，或者只是喜欢视觉艺术而不是其他学科的学生。视觉产品质量评级表要求学生满足格式、内容和创造性标准，如视觉吸引力、适当的和相关的引用或图像、文本的独特解释或概念的应用。

在 21 世纪的课堂中，四种传统的产品形态不能满足技术型学生的需求，他们更愿意使用基于技术的产品来展示他们的知识。大多数学生可以在家里使用电脑，或者知道放学后去哪里使用电脑。那么，在创意课堂中，我们的目标应该是向他们介绍新类型的技术产品，或者使用基于技术的项目布置作业。质量评级表很容易适应这些类型的课程。例如，如果学生在创建一个数字故事，质量评级表可以概括多大程度上他们的

消息 / 故事是有意义的（内容），他们使用了多少视觉效果传达他们的信息 / 故事（思维过程：流畅性），他们的消息 / 故事多么独特（思维过程：原创性），以及他们的图像在视觉上多么令人愉悦和有组织性（产品）。

7.5 定义等级

分数不会帮助学生改善表现，但反馈是有帮助的。“当我们把分数作为反馈的一部分，学生通常只读到分数”（Johnson，2012）。许多教师更喜欢使用量规和评分量表，尤其是当他们编制了一组现成的模板之后。然而，大多数教师仍然需要根据他们所在地区或州的要求来判定整体的成绩。教师可以将“量规”和“迷你量规”上的描述词转换成等级。例如，“超越”等于“A”，“做得好”等于“B”，“OK”等于“C”，“不那么好”等于“D”或“F”。然而，因为每个准则的重要性不同，一个精确的内容标准中的“做得好”或“B”，与流畅性程度上的“做得好”或“B”，并不具有相同的价值。在这种情况下，教师需要在得出总分之前权衡个人标准。质量评级表也可以转换成等级。当使用质量评级表时，一个学生在评分等级中获得所有的 5 分，他就会得到 A，4 分等于 B，3 分等于 C，2 分等于 D，1 分等于不及格。同样，并不是所有的标准都具有同等价值。学生（和他们的家人）必须理解反馈和评分之间的区别，以及如何在创造性课堂上进行评分。

7.6 自我评估

反馈的有效性取决于它所带来的学习效果。如果学生对反馈不采取行动，就不会有进步。学生的自我反省也是如此：如果学生从自我评估中学习并采取行动，那么花费时间去做这个是很值得的。

学生可以根据自己的量规、迷你量规、质量评级表进行评分。如果老师提供的范例描述了 5 分是什么样的，或者超过了 5 分是什么样子，那么学生就有了一个可以遵循的模型。老师和学生可以进行一次共同评审，学生给自己打分，老师也会在同样的作业上给他们打分。学生比较分数，如果有问题或学生不同意老师的分数，就会与老师再谈。

在一堂四年级的课程中，老师开发了一个关于创造性思维能力单元的文本，所用的标准是“深入描述一个故事或戏剧中的角色、场景或事件，利用文本中的具体细节（如一个角色的思想、言语或行为）”（RL.4.3； NGA Center，2010a）。作业让学生首先列出书中所有描述 Opal 的单词，并引用书中的细节。接下来，学生们集思广益地列出了许多不同的形容词，用来描述 Opal 可能拥有的一个虚构的朋友。然后学生们写了一个故事总结，把虚构的朋友整合在一起，同时对故事情节产生最小的影响。这种创造性思维练习需要全面的内容知识，同时也锻炼了所有四种创造性思维技能。完成作业后，老师使用了学生自我评估和共同评审。

1）学生们完成了一项自我监督评估，评估他们围绕内容、思维过程和产品的表现水平，并列举了个人得分的原因（参见样本，表 7.9）。

表 7.9　学生自我评估范例

任务：列出一些不同的词来形容 Opal。想出一些不同的词来形容她想象中的朋友。将虚构的朋友整合到故事中，而不影响原故事。写一个增加了一个想象中的朋友 Opal 的总结

分配元素	哦！错过了	我做了一点	我做了所期待的事	我做得很好
标准：你的证据是什么？			我引用了文本证据	
内容：你了解内容的证据是什么?			我写了一些文字来描述 Opal，我又讲了一遍	
创造性思维过程：你使用创造性思维的证据是什么？				我想出了许多不同的词来形容 Opal 想象中的朋友
产品：你们的产品符合所有要求的证据是什么？				我的故事总结中有一个虚构的朋友，有意义，有条理，没有多余的句子，很有趣

2）教师和个别学生完成了一项共同评审，这是一种协作工具，提

供了学生在所有活动领域的表现概况，包括与内容相关的和与创造力相关的内容（参见示例，表 7.10）。

表 7.10　样本共同评审

学生姓名：Sally Sawyer	日期：2013 年 12 月 12 日
任务：列出许多不同的词来形容 Opal。想出许多不同的词来形容她想象中的朋友。将虚构的朋友整合到故事中，而不影响原故事。写一个增加了一个想象中的朋友 Opal 的总结	
学生的评估	
当谈到课程的目标时，我的优点是……	我想出了许多形容词来描述 Opal 和 Opal 想象中的朋友。我写了一个很好的总结
当谈到课程的目标时，我学到了……	我学会了注意形容词。我还学会了思考角色怎么有理由那样行动
这节课我最喜欢的部分是……	课上我最喜欢的部分是为 Opal 创造一个想象中的朋友。我不得不考虑她想要什么样的朋友
下次，我需要做……	我需要努力去思考那些不在故事中的文字，而要与故事中的行动相协调
老师的评论	
当谈到课程的目标时，我相信你的优点是…… 头脑风暴——我同意你的看法！你真是个集思广益的好手，经常想出许多有趣的词来	
当谈到这节课的目标时，我相信下次你可能会关注…… 我也认为你应该认真思考你所读的东西，这样你就可以对你的阅读提出推论，而不仅仅是字面上的文字。我还认为你应该注意你的段落结构。例如，第二段的第三句是关于一个不同的主题，所以它应该在一个不同的段落，每一段都有一个中心思想	

本章结尾的三种“抓取并执行”策略包括教师工具、教师 / 学生组合工具和学生自我反思形式。为了让学生能够有效地进行自我评估，他们需要能够区分错误和误解。正如前面提到的，误解并不反映知识的缺乏，而且可以纠正；然而，错误会影响学习，需要解决（Fisher and Frey，2012）。自我评价过程通过要求学生检查他们的思维过程来促进元认知；这是老师和学生随着时间的推移可能想要持续关注的一个领域。这个反思性的过程让学生思考他们要在哪些领域展示创造力，他们是否能描述他们的创造性思维过程，以及他们如何运用创造性思维。像其他的自我评估一样，学生必须准备好为他们的回答提供证据。

反思和扩展章节信息

1）创造性思维的有效反馈在哪些方面可以改进学习？

2）在本章提到的所有评估工具中，你最可能使用的是哪一种？为什么？

3）如何使用反馈和评估来提高学生的积极性和参与度？

4）为什么目标设定在评估过程中扮演着重要角色？

5）与分数相比，你如何帮助父母理解反馈的重要性？

1. “抓取并执行”策略 #38：反馈表

教师可以使用技术来帮助简化他们的反馈过程。可以将如表 7.11 的示例这样的模板作为 Word 文档进行维护，并对其进行修改，以添加特定于单个任务的附加标准。教师创建一组描述符，可以插入这些描述符，并为不同的学生反复使用。继续对描述符进行头脑风暴，然后剪切并粘贴，以创建个性化的反馈。

表 7.11　反馈表

这次作业的目标是：
你在以下方面做得很好：
我知道你在某些方面有一些问题：
下节课，我希望大家关注以下问题：
以下是一些关于自我管理技巧的评论：
完成任务的时间：
独立程度：
努力成果：

2.“抓取并执行”策略 #39：寻找错误（误解和错误）

这个工具是为支持教师和学生而设计的。教师检查学生的作业，列出学生的误解和错误的数量。然后学生检查作业，寻找相同的误解和错误，识别它们，纠正误解和错误。如果学生不能纠正错误，这就让教师知道了要在哪里进行集中教学或指导。

例如（表 7.12），七年级数学标准是让学生能够“在多步题中使用补充、互补、垂直和相邻角度的知识来编写和求解一个图形中未知角度的简单方程”（7.G.B.5；NGA Center，2010b）。老师设计了一个教案，要求解决一系列现实生活中的问题，包含角度测量、面积、表面积和体积知识。老师给学生们布置了 8 道数学题，他们必须自己提出另外两道题。这个例子中，在 10 个问题里，学生有 3 个基于计算的误解和 1 个错误（错误地解决了整个问题）。这个学生已经找出了所有的错误，并且能够指出错误。

表 7.12 寻找错误

作业：用角度测量、面积、表面积和体积知识计算 10 道数学题	误解：3 错误：1
寻找我的错误！	
误解：计算面积的问题	乘法运算错误
误解：计算表面积的问题	乘法运算错误
误解：计算体积的问题	没有在维度中相乘
错误	在一个多步骤的问题中跳过步骤

3.“抓取并执行”策略 #40：创造性自我报告的形式

这个反思性的过程让学生思考他们要在哪些领域表现出创造力，他们是否能够描述他们的创造性思维过程，以及他们如何运用创造性思维（表 7.13）。像其他的自我评估一样，学生必须准备好为他们的回答提供证据。

表 7.13 创造性自我报告表

我的创造力	算不上是	有几分像	当然是
我可以在课上谈谈我的创造力			
我可以指出，这节课的哪一部分我可以更有创造性地回应			
我可以提出一些方法来提高我的创造力			
我可以解释我对创造力的理解以及它如何影响我的反应			
我可以在课上谈论我的创造性反应和我的其他反应之间的异同			
我可以使用不同的创作技巧来影响我的反应			
如果我想不出任何有创意的想法，我知道如何帮助自己摆脱困境			
我可以明智地使用创造力，我知道什么时候什么地方应该有创造力			
我知道什么时候和一群人一起做有创意的事情更有效			
我利用创造力来帮助我加深对信息的理解			

如果你完成了这个自我报告表单，它将是什么样子？

结　语

教室里的创造力在精心安排的情况下可以发挥重要作用。老师们将海报作为视觉提醒来提醒孩子们创造力在他们的课堂上是活跃的。他们贴出学生的反馈来展示创造性思维和展示创造性产品。他们创造了一种可接受的课堂氛围，鼓励有组织的冒险，欢迎各种不同的想法。

教师要确保创造性的活动和课程在他们的教室定期开展。学生使用特定于创造力的语言。教师将创造性思维活动与课程标准相结合。课程促进了学生对内容知识的理解和应用。创造性思维活动不是用来填补课程结束前的时间的，也不是用来奖励良好的行为的；它们是有意义和目的的课程。

老师们都知道，持续的批判性思维课程剥夺了学生进行思考的机会。当老师们为那些喜欢打破常规思维的学生提供不同的课程时，他们会注意到不同的认知偏好。创造力增加了积极性和参与度，这通常会提高成绩。

在这本书中，我展示了不同的工具和策略来帮助老师适应课程、创造一节课，或者设计一项促进创造性思维和创造性产品的任务。创造力路径 1 提醒我们创造力的动词、提示语和短语是很容易使用的；创造力路径 2 引导我们采取策略来促进创造性思维；创造力路径 3 定义了创新和创造性问题解决过程的程序化语言；而创造力路径 4 指出了创造性产品的使用。当开始走上任何创造力的路径时，学生应该得到关于内容、思维过程和产品的反馈。有许多反馈工具可以为教师提供及时、具体和有效的反馈方法。

我希望我达到了写这本书的目的，就是帮助你接触到更多的学习者，为你提供创造性策略和工具，并向你展示如何在课堂上有意识地运用创造性。这并不难，而且回报也很大。最后，我的建议包括以下几点。

1）把自己想象成一个有创造力的人，最终你会相信的；

2）不要让障碍挡住你的去路，它们是可以克服的；

3）创造力是会传染的，让你的周围都是有创造力的人吧。

最重要的是，每天都要体验创造力的乐趣。

参考文献

Ali, M. (2011, May 12). Traditional teaching [Video file]. Retrieved fromhttp://www.youtube.com/watch?v=-7gLgJQ1auY.

Amabile, T. M. (1989). Growing up creative. New York: Crown.

Amabile, T. M. (1998, September–October). How to kill creativity.Harvard Business Review, 76–87.

Amabile, T. M., Conti, R., Coon, H., Lazenby, J., & Herron, M. (1996). Assessing the work environment for creativity. Acad emy of Man agement Journal, 39, 1154–1184. http://dx.doi.org/10.2307/256995.

Anderson, L., Krathwohl, D. R., Airasian, P. W., Cruikshank, K. A., Mayer, R. E., Pintrich, P. R., & Wittrock, M. C. (2000). A taxonomy for learning, teaching, and assessing. A revision of Bloom's taxonomy of educational objectives. Upper Saddle River, NJ: Pearson.

Azzam, A. (2009). Why creativity now? A conversation with Sir Ken Robinson. Educational Leadership, 67(1), 22–26. Retrieved from http://www.ascd.org/publications/educational-leadership/sept09/ vol67/num01/Why-Creativity-Now¢-A-Conversation-with-Sir-Ken-Robinson.aspx.

Baldwin, H. (2012, July 24). Time off to innovate: Good idea or a waste of tech talent? Computer World [Online]. Retrieved from http://www .computerworld.com/s/article/9229373/Time_off_to_innovate _Good_idea_or_a_waste_of_tech_talent_.

Barrett, J., & Barrett, R. (1978). Cloudy with a chance of meatballs. New York, Simon & Schuster.

Beghetto, R. A. (2005). Does assessment kill student creativity? The Educational Forum, 69(3), 254–263. Available: http://dx.doi.org /10.1080/00131720508984694.

Beghetto, R. A., & Kaufman, J. C. (Eds.). (2010). Nurturing creativity in the classroom

[E-reader version]. Cambridge, UK: Cambridge University Press.

Beghetto, R. A., & Kaufman, J. C. (2013). Fundamentals of creativity. Educational Leadership, 70(5), 10–15.

Boykin, A. W., & Noguera, P. (2011). Creating the opportunity to learn: Moving from research to practice to close the achievement gap. Alexandria, VA: ASCD.

Boykin, A. W., & Noguera, P. (2012, March). Increase in student achievement. Education Update. Alexandria, VA: ASCD.

Bridgeland, J. M., Dilulio, J. J., Jr., & Burke Morrison, K. (2006, March). The silent epidemic: Perspectives of high school dropouts. Washington, DC: Civic Enterprises. Retrieved from https://docs.gatesfoundation .org/Documents/TheSilentEpidemic3-06FINAL.pdf.

Bronson, P., & Merryman, A. (2010, July 10). The creativity crisis. Newsweek. Retrieved from http://www.newsweek.com/2010/07/10 /the-creativity-crisis.html.

Brookhart, S. M. (2008). How to give effective feedback to your students. Alexandria, VA: ASCD.

Brookhart, S. M. (2012). Preventing feedback fizzle. Educational Leadership, 70(1), 24–29.

Cornell University. (2008, March). Ken Robinson states imagination and creativity come before innovation □Lecture/presentation□. Retrieved from http://eclips.cornell.edu/themes.do?isCUWA=ac967&- type=&id=500&clipID=12077&tab=TabClipPage.

Csikszentmihalyi, M. (1996). Creativity: Flow and the psychology of discovery and invention. New York: Harper Perennial.

Deci, E. L. (1995). Why we do what we do: Understanding self-motivation. New York: Penguin.

DiCamillo, K. (2000). Because of Winn-Dixie. Somerville, MA: Candlewick Press.

DiSalvo, D. (2011). What makes your brain happy and why you should do the opposite ［E-reader version］. Amherst, NY: Prometheus.

Drapeau, P. (2004). Differentiated instruction: Making it work. New York: Scholastic.

Drapeau, P. (2009). Differentiating with graphic organizers: Tools to foster critical and creative thinking. Thousand Oaks, CA: Corwin.

Drapeau, P. (2011). The creative classroom. Teachers Matter, 13, 30.

Dweck, C. (2006). Mindset: The new psychology of success. How we can learn to fulfill our potential. New York: Ballantine.

Eberle, R. F. (1971). SCAMPER: Games for imagination development. Buffalo, NY: DOK Publishing.

Farrell, M. P. (2001). Collaborative circles: Friendship dynamics and creative work. Chicago: The University of Chicago Press.

Fincher, D. (Director), & Sorkin, A. (Writer). (2010). The social network. United States: Columbia Pictures.

Fisher, D., & Frey, N. (2008). Better learning through structured teaching: A framework for the gradual release of responsibility. Alexandria, VA: ASCD.

Fisher, D., & Frey, N. (2012). Making time for feedback. Educational Leadership, 70(1), 42–46.

Gardner, H. (1989). To open minds. New York: Basic Books.

Goleman, D., Kaufman, P., & Ray, M. (1992). The creative spirit. Companion to the PBS television series. New York: Penguin.

Goodwin, B., & Miller, K. (2012). Research says good feedback is targeted, specific, timely. Educational Leadership, 70(1), 82–83.

Gordon, W. J. J. (1961). Synectics: The development of creative capacity. New York: Harper & Row.

Govindarajan, V. (2010, August). Innovation is not creativity ［Blog post］. Retrieved from http://blogs.hbr.org/2010/08/ innovation-is-not-creativity/.

Grant, A., Grant, G., & Gallate, J. (2012). Who killed creativity? And how can we get it back? New York: Wiley.

Hattie, J. (2009). Visible learning: A synthesis of over 800 meta-analyses relating to achievement. London: Routledge.

Hattie, J. (2011). Visible learning for teachers: Maximizing impact on learning. London: Routledge.

Hattie, J. (2012). Know thy impact. Educational Leadership, 70(1), 18–23.

Herby. (2005, September 1). Hurricane Katrina: Extreme video ［Video file］. Retrieved from http://www.youtube.com/watch?v=s76Qn7bpCsQ.

Higgins S., Hall, E., Baumfield, V., & Moseley, D. (2005). A meta- analysis of the impact of the implementation of thinking skills approaches on pupils. London: Institute of Education, University of London. Retrieved from https://eppi.ioe.ac.uk/cms/Default.aspx?tabid=339.

Hinton, S. E. (1967). The outsiders. New York: Viking Press.

Holzer, M. F. (2007, 2009). Aesthetic education, inquiry and imagination. New York: Lincoln Center Institute. Available: http://www.lcinstitute.

Isaksen, S. G., & Treffinger, D. J. (1985). Creative problem solving: The basic course. Buffalo, NY: Bearly.

Jensen, E. (2013). Engaging students with poverty in mind: Practical strategies for raising achievement. Alexandria, VA: ASCD.

John-Steiner, V. (2000). Creative collaboration. New York: Oxford University Press.

Johnson, D. (2012). Power up! / Electronic feedback. Educational Leadership, 70, 84–85.

Johnson, S. (2010). Where good ideas come from: The natural history of innovation. New York: Riverhead. Available: http://www.ted.com/ talks/ steven_johnson_where_good_ideas_come_from.html.

Karnes, F. A., & Bean, S. M. (2009). Methods and materials for teaching the gifted (3rd ed.). Waco, TX: Prufrock Press.

Kaufman, J. C., & Lan, L. (2012). East-west cultural bias and creativity: We are alike and we are different. Gifted and Talented International, 27(1), 115–118. Retrieved from http://www.world-gifted.org/sites/ default/files/GTI27(1)August2012.pdf.

Kaufman, J., Plucker, J. A., & Baer, J. (2008). Essentials of creativity assessment. Hoboken, NJ: Wiley & Sons.

Kim, K. H. (2005). Can only people be creative? Journal of Secondary Gifted Education, 16, 57–66.

Kirschner, P. A., Sweller, J., & Clark, R. E. (2006). Why minimal guidance during instruction does not work: An analysis of the failure of constructivist, discovery, problem-based, experiential, and inquiry- based teaching. Educational Psychologist, 41, 75–86. Available: http://dx.doi .org/10.1207/s15326985ep4102_1.

Kluger, A. N., & DeNisi, A. (1996). The effects of feedback interventions on performance: A historical review, a meta-analysis, and a preliminary feedback intervention theory. Psychological Bulletin, 119, 254–284. Available: http://dx.doi.org/10.1037/0033-2909.119.2.254.

Kramer, N. (2005). Shaping Earth's surface: Water. South Yarra, Australia: Macmillan Education.

Liu, E., & Noppe-Brandon, S. (2009, 2010). Imagination first: Unlocking the power of possibility. San Francisco: Jossey-Bass.

Long, P. (2010, Winter). My brain on my mind. American Scholar, 79(1). Retrieved from http://www.priscillalong.com/my_brain_on_my_ mind_90660.htm

MacLachlan, P. (1985). Sarah, plain and tall. New York: Scholastic.

Maine Department of Education. (2013, July 23). Everything in the building is tied to a learning standard [Video file]. Retrieved from http:// www.youtube.com/watch?v=MMWXh5GtZ4E#t=42.

Marzano, R. J. (2009). Designing and teaching learning goals and objectives. Bloomington, IN: Marzano Research Laboratory.

McAuliffe, J., & Stoskin, L. (1993). What color is Saturday? Using analogies to enhance creative thinking in the classroom. Tucson, AZ: Zephyr Press.

McKim, R. (1980). Experiences in visual thinking (2nd ed.). Boston: PWS.

Michelli, N., Holzer, M. F., & Bevan, B. (2011). Learning to imagine. (Imagination Conversations). New York: Lincoln Center Institute.

Milora, M. T. (1987). The creative attitude. In D. G. Tuerch (Ed.), Creativity and liberal learning (pp. 131–146). Norwood, NJ: Ablex.

Mobile County Public Schools. (1974). Criterion referenced tests of talents. Mobile, AL: Author.

Murdock, M. C., & Ganim, R. M. (1993). Creativity and humor: Integration and incongruity. Journal of Creative Behavior, 27, 57–70. http://dx .doi.org/10.1002/j.2162-6057.1993.tb01387.x.

National Governors Association Center for Best Practices, Council of Chief State School Officers. (2010a). Common core state standards for English language arts & literacy in history/social studies, science, and technical subjects. Washington, DC: Author. Retrieved from http:// www.corestandards.org/the-standards.

National Governors Association Center for Best Practices, Council of Chief State School Officers. (2010b). Common core state standards for mathematics. Washington, DC: Author. Retrieved from http://www .corestandards.org/the-standards.

NGSS Lead States. (2013). Next generation science standards: For states, by states.

Washington, DC: National Academies Press.

Niu, W., & Sternberg, R. J. (2002). Contemporary studies on the concept of creativity: The east and the west. Journal of Creative Behavior, 36, 269–284. Available: http://dx.doi.org/10.1002/j.2162-6057.2002. tb01069.x

Noller, R. B. (1979). Scratching the surface of creative problem-solving: A bird' s eye-view of CPS. Buffalo, NY: DOK Publishers.

Noppe-Brandon, S., Deasy, R. J., & Gitter, C. (2011). Findings of the imagination conversations: The lessons of a two-year national initiative. New York: Lincoln Center Institute.

Ogle, D. M. (1986). K-W-L: A teaching model that develops active reading of expository text. Reading Teacher, 39, 564–570.

Osborn, A. F. (1963). Applied imagination: Principles and procedures of creative thinking. New York: Scribner.

Pannels, T. C., & Claxton, A. F. (2008). Happiness, creative ideation, and locus of control. Creativity Research Journal, 20, 67–71. Available: http://dx.doi.org/10.1080/10400410701842029.

Parnes, S. J. (1992). Sourcebook for creative problem solving. Buffalo, NY: Creative Education Foundation.

Pearson, J. (1997). Jon Pearson' s draw power: Active tools for teachers and parents. Chicago: Author.

Pearson, R. (2010). Getting your act(s) together. The complete handbook of novel writing: Everything you need to know about creating & selling your work (pp. 64–70). Ontario: Writer' s Digest.

Pearson, R. (2012, November 17). Getting it write: Where imagination meets creativity. Presentation at the NAGC 59th Annual Convention, Denver, Colorado.

Piirto, J. (2004). Understanding creativity. Scottsdale, AZ: Great Potential Press.

Pink, D. H. (2009). Drive: The surprising truth about what motivates us [E-reader version]. New York: Penguin.

Robinson, K. (2007). Do schools kill creativity? [Video file]. Retrieved from http://www.youtube.com/watch?v=iG9CE55wbtY.

Robinson, K. (2011). Out of our minds: Learning to be creative [E-reader version].

Chichester, UK: Capstone.

Root-Bernstein, R., & Root-Bernstein, M. (2001). Sparks of genius: The 13 thinking tools of the world' s most creative people. Boston: Houghton Mifflin.

Rudowicz, E., & Hui, A. (1997). The creative personality: Hong Kong perspective. Journal of Social Behavior and Personality, 12, 139–148.

Rudowicz, E., & Yue, X. D. (2000). Concepts of creativity: Similarities and differences among Hong Kong, Mainland, and Taiwanese Chinese. Journal of Creative Behavior, 34, 175–192. Available: http://dx.doi.org/ 10.1002/j.2162-6057.2000.tb01210.x.

Sachar, L. (1998). Holes. New York: Random House.

Sandburg, C. (1916). The fog. Chicago poems (No. 56). New York: Henry Holt.

Sawyer, K. (2013). Zig zag: The surprising path to greater creativity. San Francisco: Jossey-Bass.

Sawyer, R. K. (2003). Creative teaching: Collaborative discussion as disciplined improvisation. Educational Researcher, 33(2), 12–20. Available: http://dx.doi.org/10.3102/0013189X033002012.

Sawyer, R. K. (2006a). Explaining creativity: The science of human innovation. New York: Oxford University Press.

Sawyer, R. K. (2006b). Educating for innovation. Thinking Skills and Creativity, 1, 41–48. Retrieved from Available: http://www.academia .edu/946010/Educating_for_innovation.

Schlichter, C. (1986). Talents unlimited: An inservice education model for teaching thinking skills. Gifted Child Quarterly, 30, 119–123. http:// dx.doi.org/10.1177/001698628603000305.

Seelig, T. (2012). inGenius: A crash course on creativity. New York: HarperOne.

Simonton, D. K. (1999). Origins of genius: Darwinian perspectives on creativity. New York: Oxford University Press.

Snyder, W. (2013). Using prediction, performance, and feedback to engage the brain in note taking. Best Practices for Student Engagement, 8(7). Retrieved from http://www.ascd.org/ascd-express/vol8/807-snyder .aspx.

Southern Maine Partnership. (2005). Instructional differentiation for student independence. Gorham, ME: University of Southern Maine.

Sprenger, M. (2010). Brain-based teaching in the digital age. Alexandria, VA: ASCD.

Stanford University. (2012, May 19). Unlocking creativity [Video file]. Retrieved from http://www.youtube.com/watch?v=p1f7NLMM_G0.

Sternberg, R. J. (1985): Beyond IQ: A triarchic theory of human intelligence. New York: Cambridge University Press.

Sternberg, R. J. (Ed.). (1999). Handbook of creativity. Cambridge, UK: Cambridge University Press.

Sternberg, R. J., & Williams, W. M. (1996). How to develop student creativity. Alexandria, VA: ASCD.

Tomlinson, C. A. (1999). The differentiated classroom: Responding to the needs of all learners. Alexandria, VA: ASCD.

Torok, G. (n.d.). Don' t ignore the nudges [Blog post]. Retrieved from http://www.torok.com/articles/creativity/DontIgnoreNudges.html.

Torrance, E. P. (1987a). Teaching for creativity. In S. G. Isaksen (Ed.), Frontiers of creativity research: Beyond the basics (pp. 189–215). Buffalo, NY: Bearly.

Torrance, E. P. (1987b). Torrance tests of creative thinking. Bensenville, IL: Scholastic Testing.

Treffinger, D. J. (2008). Preparing creative and critical thinkers. Educational Leadership, 65. Retrieved from http://www.ascd.org/ publications/educational-leadership/summer08/vol65/num09/ Preparing-Creative-and-Critical-Thinkers.aspx.

Treffinger, D. J., Isaksen, S. G., & Stead-Dorval, K. B. (2006). Creative problem solving: An introduction (4th ed.). Waco, TX: Prufrock Press.

Treffinger, D. J., Schoonover, P., & Selby, E. (2013). Educating for creativity and innovation. Waco, TX: Prufrock Press.

University of Houston Education. (2014). What is digital storytelling? Retrieved from http://digitalstorytelling.coe.uh.edu/page .cfm?id=27&cid=27.

University of Indianapolis Center of Excellence in Leadership of Learning. (2009). Summary of research on project-based learning. Retrieved from http://cell.uindy.edu/docs/PBL%20research%20 summary.pdf.

Wagner, T. (2012). Creating innovators: The making of young people who will change the world. New York: Scribner.

Wiggins, G. (2012). Seven keys to effective feedback. Educational Leadership, 70(1), 10–16.

Wilhelm, J. D. (2002). Action strategies for deepening comprehension: Using drama strategies to assist improved reading performance. New York: Scholastic.

William, D. (2011). Embedded formative assessment. Bloomington, IN: Solution Tree.

Willis, J. (2006). Research-based strategies to ignite student learning: Insights from a neurologist and classroom teacher. Alexandria, VA: ASCD.

Zike, D. (2000). Dinah Zike' s foldables for grades 1–6: 3-D interactive graphic organizers. New York: Macmillan/McGraw-Hill.